Paris
buissonnier

Paris buissonnier

Le guide des promenades de charme hors des sentiers battus

Françoise BESSE
Illustrations Jean-Pierre Vuillaume

Pour Alexandre, Anna et Vincent

© 2010 éditions Parigramme/Compagnie Parisienne du Livre

SOMMAIRE

Promenade 1
DE LA PLACE BALARD AU PALAIS DE CHAILLOT 8

Promenade 2
DU PARC GEORGES BRASSENS AU PARC MONTSOURIS 16

Promenade 3
DU LUXEMBOURG À LA TOUR EIFFEL 28

Promenade 4
DE LA BIÈVRE À LA SEINE 44

Promenade 5
DE JUSSIEU À BERCY..58

Promenade 6
LA PROMENADE PLANTÉE..68

Promenade 7
DE LA BASTILLE À LA PORTE DE BAGNOLET 76

Promenade 8
DU PRÉ-SAINT-GERVAIS À LA GARE DE L'EST 90

Promenade 9
AU LONG DES CANAUX 100

Promenade 10
DE L'ÉGLISE DE LA TRINITÉ À LA PLACE DES ABBESSES............................110

Promenade 11
DE L'ÉTOILE À LA PORTE DAUPHINE 126

Promenade 12
DE LA PORTE DE SAINT-CLOUD À LA STATION PASSY 140

Promenade 13
DU PONT D'IÉNA AU PONT D'AUSTERLITZ 154

AVANT-PROPOS

S'il est vrai qu'on ne connaît bien une ville qu'à condition de la parcourir à pied, *Paris buissonnier* propose une manière de s'approprier l'espace urbain.

Bien entendu, nous avons tous dans Paris nos trajets personnels ; d'habitude, de métier ou de commodité. Mais, en dehors d'eux, la ville est rarement l'objet de longues découvertes piétonnes et nos réticences casanières s'inventent tous les alibis possibles. Un quartier éloigné suscite souvent la curiosité inquiète et presque soupçonneuse que nous aurions pour une ville étrangère. Voilà pourquoi les promenades de ce livre proposent de longs parcours, que l'on peut morceler à son gré, indiqués avec précision et visualisés sur les plans aquarellés qui les accompagnent. Se sachant sûrement guidé, le promeneur peut dès lors regarder tout ce que le paysage de la capitale lui donne à voir, et satisfaire sur place sa curiosité grâce aux explications concernant les points forts du trajet. Celles-ci amorceront peut-être de nouvelles lectures, d'autres découvertes : ce sera la spirale du désir, et c'est très bien ainsi.

L'ensemble de ces promenades est loin d'épuiser les multiples possibilités qui s'offrent au piéton de Paris. Ce sont plutôt, au-delà du centre historique, les anciens villages et les nouveaux quartiers qui ont notre préférence. Nous y avons privilégié des itinéraires "buissonniers", c'est-à-dire ludiques et inattendus, amplement répartis sur différents secteurs. Ils dessinent ainsi un maillage assez large sur l'ensemble de la ville. Et chemin faisant, on y perçoit les espaces interstitiels d'un quartier à un autre, on y détecte les prémices du Paris futur qu'il faut apprivoiser et on y savoure les traces touchantes, souvent menacées, d'un Paris révolu dont le charme demeure.

Il est utile de préciser que ces promenades ne peuvent se faire qu'à pied. Elles ne sauraient convenir à des automobilistes ou à des cyclistes, car elles se fondent sur le privilège du piéton ; pour lui, sens uniques, escaliers et portillons de square ne sont pas des obstacles. En revanche, il s'interdit dans les zones privées les regards trop pesants ou les intrusions indiscrètes. Libre à lui de marcher au rythme soutenu du randonneur ; mais s'il accepte volontiers de ralentir, de fureter, de flâner, il savoure alors pleinement le plaisir offert à l'amateur de paysages citadins et le bonheur réservé à l'amoureux de Paris.

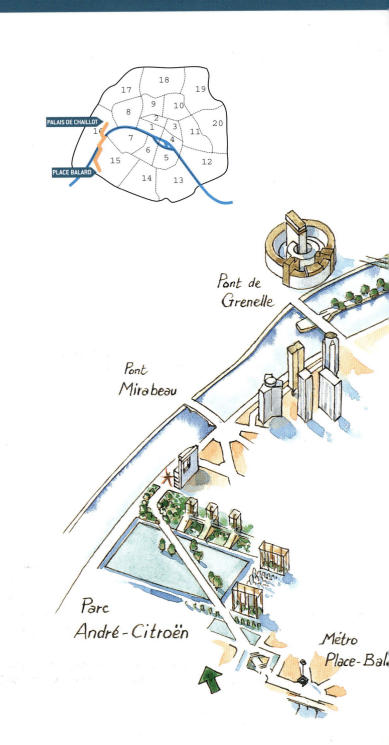

PROMENADE 1

DE LA PLACE BALARD AU PALAIS DE CHAILLOT

3,6 km

Qui a dit qu'à Paris on vit à l'étroit ? La promenade que voici est synonyme d'espace, de ciel, d'arbres, d'eau… et de vent. C'est aussi une occasion de mesurer comment, durant ce siècle, le paysage parisien s'est urbanisé, aux deux sens du terme. Il a en effet progressivement englobé ce qui restait d'implantations industrielles périphériques au profit du logement et du secteur tertiaire.
On y a aussi à plusieurs reprises expérimenté des structures permises par les nouveaux matériaux et adaptées – pour combien de temps ? – à de nouveaux modes de vie.

PARIS BUISSONNIER • PROMENADE 1

DÉPART place Balard. S'engager dans la rue Saint-Charles. Au n° 226, entrer dans le parc André Citroën, ouvert depuis 1992. Suivre la grande allée diagonale.
Là où s'élevaient les usines Citroën, tout respire l'espace et la lumière, grâce à l'étendue du parc (138 800 m²), à sa perspective en pente douce vers la Seine, et à la qualité de l'environnement architectural sans gigantisme : murs blancs rythmés de larges verrières pour l'hôpital européen Georges-Pompidou, œuvre d'Aymeric Zublena, cristaux géants des façades-miroirs créées par Olivier Cacoub pour le Ponant (1989). On aimera sûrement flâner à travers les différents paysages végétaux et aquatiques imaginés par les paysagistes Alain Provost et Gilles Clément et les architectes Patrick Berger, Jean-François Jodry et Paul Viguier.
Au-delà de la pelouse centrale, l'axe diagonal donne des aperçus sur les jardins sériels alignés à droite (où se combinent les symboliques des couleurs et des sens). Au contraire, sur la gauche, le "jardin en mouvement" laisse à la nature ses droits et ses caprices pour la floraison – à peine contrôlée – d'une prairie sauvage.

Au bout de la diagonale, tourner à droite et sortir rue Cauchy. Suivre, en face, l'esplanade qui borde le quai André Citroën.
Une sculpture en large faisceau rappelle le passé industriel du lieu : ses poutrelles proviennent peut-

Citroën au quai de Javel.
C'est en novembre 1982 que les usines Citroën abandonnèrent le quai de Javel (rebaptisé depuis quai André Citroën). L'aventure industrielle avait commencé ici en 1916 avec la production d'obus. Après la guerre, les nouvelles usines d'automobiles tournent à plein régime et les voitures sortent des chaînes par dizaines de milliers chaque année. Entre 1934 et 1957, il sera produit 760 000 des fameuses "tractions avant".

De la place Balard au palais de Chaillot

être des anciens ateliers Citroën ? On longe l'immeuble conçu par Richard Meier initialement pour Canal Plus (1991). La façade aux blancheurs laquées et aux lignes horizontales légères abrite des services administratifs.

Tourner à droite rue des Cévennes. Compacte, cette aile abrite maintenant des bureaux du ministère de la Justice.

Tourner à gauche rue Balard. En face, l'ensemble de bureaux et d'habitations, créé par Zublena en 1986, s'incurve pour former en hémicycle la place de la Montagne du Goulet. Toute la façade ondule en souplesse et l'effet de vague est souligné par les horizontales bleues insérées dans le revêtement en carreaux blancs.

Javel plus propre !
Ce qui n'était que le nom d'un lieu-dit puis d'un quartier est devenu une appellation très célèbre. Le comte d'Artois, frère de Louis XVI, installa en effet ici, en 1777, une manufacture de produits chimiques qui se voua exclusivement après la Révolution à la fabrication de l'indispensable "eau de Javel" dont les foyers bien astiqués n'ont pas fini de chanter les louanges.

Rond-point du Pont Mirabeau.

Au n°7, un immeuble d'habitation offre un bel exemple du style "années trente" : traitement nouveau de la saillie en angle, dédoublée et élargie par une élégante contre-courbe, béton revêtu d'éclats de grès cérame jaune et de granito beige, style affirmé des ferronneries vertes.

Au bord du pont, la station RER, avec son armature de fonte, ses briques et terres cuites colorées, date de 1889.

Longer les immeubles du Front de Seine en suivant la promenade plantée d'arbustes fleuris qui isole cette voie à sens unique du trafic intense du quai André Citroën.

L'urbanisme utopique et la spéculation immobilière des années 1960 ont fait surgir les seize tours disparates de cet ensemble conçu pour une vie moderne "intégrée" regroupant l'habitat, les bureaux, les services, commerces et loisirs et répartissant la circulation sur trois niveaux pour le trafic, le stationnement et la marche des piétons.

La tour Cristal, signée Penven et Le Bail, est la plus récente (1990) et peut-être la plus belle. Ses façades-miroirs hautes de 100 mètres et ses pans coupés en font une véritable sculpture de verre où joue la lumière.

Sous le pont Mirabeau coule la Seine...

Combien de Parisiens ont-ils répondu à l'invitation d'Apollinaire en contemplant, songeurs, l'inexorable fuite du fleuve ? Le poète, quand il écrivit ces vers, habitait Neuilly et traversait régulièrement ce pont "inspirateur" pour rentrer chez lui.

De la place Balard au palais de Chaillot

On appréciera la différence avec la première tour de l'ensemble (1967) qui s'élève au coin de la rue de l'Ingénieur Keller. Quand la Statue de la Liberté, offerte par les Américains à la France, fut inaugurée en 1889, elle était tournée vers Paris. C'est plus tard qu'on l'orienta vers le grand large.

Cygnes royaux.
L'île des Cygnes a hérité du nom d'un groupe d'îlets naturels aujourd'hui intégrés à la rive gauche, à la hauteur du Champ de Mars. Cette dénomination tenait à la présence des oiseaux que Louis XIV avait fait venir du nord de l'Europe et installer ici.

Au milieu du pont de Grenelle, emprunter à droite la passerelle vers l'allée des Cygnes, île artificielle créée en 1825 pour servir de digue au port de Grenelle, longue de 850 mètres et plantée de tilleuls, d'acacias, de peupliers et de marronniers.
On a tout loisir de regarder le trafic fluvial et de détailler les immeubles du Front de Seine à droite, spécialement l'hôtel réalisé en 1976, autre œuvre de Penven et Le Bail, et la tour Totem, immeuble de prestige dû à Parat et Andrault (1978) : ossature apparente de béton sur laquelle s'accrochent les blocs des logements disposés pour avoir le plus possible vue sur la Seine.

Sur l'autre rive.
La Maison de la Radio, par son harmonie fonctionnelle, est sans doute le premier édifice moderne (1962) qui ait plu d'emblée aux Parisiens. Elle vieillit mieux que le grand ensemble dit "de prestige" (1982) qui prétend lui faire pendant un peu plus loin.

Tourner à gauche au pont de Bir Hakeim, ancien viaduc de Passy, construit en 1903-1905, dont le nom commémore la victoire française remportée en Libye en 1942. Passer sous les célèbres colonnes de fonte Art nouveau qui soutiennent le métro aérien, et prendre la passerelle qui franchit l'avenue du Président Kennedy.
Monter la rue de l'Alboni (on peut emprunter les escalators à droite du métro) jusqu'à la place de Costa Rica.

On aura remarqué, au début de la rue, les deux immeubles jumeaux avec leurs coupoles : avant d'être aménagés en appartements, ce furent des hôtels destinés aux visiteurs de l'Exposition de 1900. De la place, on a en se retournant une vue exceptionnelle sur la perspective du métro aérien et de la Seine.

Traverser le boulevard Delessert et prendre la rue Benjamin Franklin.
Elle suit le tracé d'un ancien chemin qui existait déjà en 1731.
Au n° 8, maison-musée de Georges Clemenceau (ouvert au public du mardi au samedi de 14h à 17h30). Plus loin, le bel immeuble d'angle du n° 17 date de 1928. La façade est littéralement sculptée de bow-windows. Le béton s'affirme avec vigueur dans les gros poteaux des canalisations. Partout ailleurs il s'habille de comblanchien et de granito de marbre beige, souligné de baguettes en grès cérame blanc. Mais l'immeuble le plus célèbre de la rue est celui des frères Perret au n° 25 bis, véritable manifeste de la construction moderne (1904). C'est le squelette en béton armé, au lieu des murs, qui devient porteur de

Le musée Georges-Clemenceau.
Clemenceau vécut de 1895 à sa mort, en 1929, au rez-de-chaussée de cet immeuble. Le musée y est installé depuis 1931 avec les appartements conservés dans leur état d'origine et quelques pièces des très riches collections d'art extrême-oriental du "Tigre".

Le Palais de Chaillot.
Destiné à être l'entrée monumentale de l'Exposition de 1937, le Palais de Chaillot couronne la colline à la place de l'ancien Trocadéro de 1878. La trouvaille de l'architecte Carlu fut de renoncer à bâtir en hauteur face à la tour Eiffel et d'opter pour un déploiement horizontal harmonieux, scandé de pilastres et encadré de forts pavillons de tête.

l'édifice. Cette innovation est tempérée par l'aspect ornemental du décor végétal en grès flammé de Bigot. Le terrain étant peu profond, la traditionnelle cour intérieure est déportée devant la façade, ce qui donne plus de lumière aux appartements. Pour la première fois aussi, la façade arrière aveugle est remplacée par un mur en dalles de verre. Le Corbusier considérera cette création comme "un jalon de l'époque moderne".

Au bout de la rue à gauche, le square de Yorktown, avec la statue tranquille de Benjamin Franklin qui résida rue Raynouard. À droite, on longe le Palais de Chaillot jusqu'à l'esplanade.
Cette terrasse de 55 mètres qui surplombe les jardins en pente douce nous offre une des plus splendides vues sur Paris – une des plus fréquentées aussi ! Seul, au milieu de la place, le maréchal Foch du haut de sa statue équestre (1951) peut contempler avec sérénité l'admirable panorama.

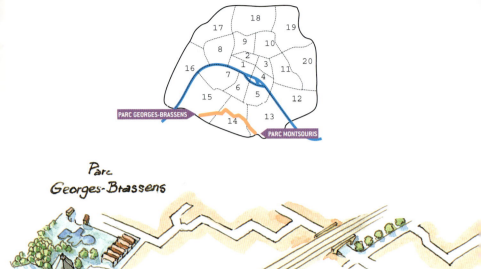

D'un parc à l'autre, cette promenade débutant en bordure du 15e arrondissement nous fera traverser tout le 14e dans sa partie non certes la plus étroite, mais sans doute la plus séduisante. Tout n'a pas disparu, en effet, de ces maisons simples et basses, de ces ruelles pavées, dont l'allure provinciale semble presque incongrue quand la ville a grignoté ses faubourgs et posé ses frontières plus loin encore. Mieux : si l'arrondissement n'est pas moins exposé que d'autres au délitement de son tissu social, on perçoit cependant qu'il y a toujours de la vie derrière ces façades. Des artisans, des petites industries s'accrochent quand la règle semble être la désertion des centres urbains. L'habitat populaire ne s'est pas systématiquement converti en habitat bourgeois ni les ateliers en sièges d'agences de publicité.

On aura tout intérêt à effectuer cette promenade à la belle saison : si le génie des paysagistes s'affranchit des contraintes climatiques et fait que les parcs sont toujours agréables, cela n'est pas aussi vrai de la végétation moins maîtrisée du long des rues, qui contribue pourtant puissamment au charme de notre parcours.

PROMENADE 2

DU PARC GEORGES BRASSENS AU PARC MONTSOURIS

5 km

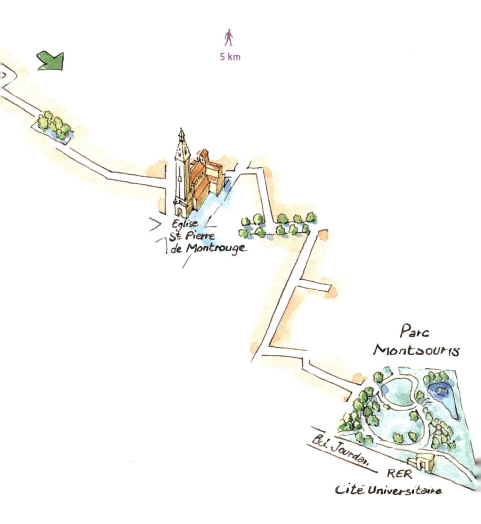

PARIS BUISSONNIER • PROMENADE 2

Le parc Georges Brassens.

Le jardin actuel existe depuis 1985 grâce au paysagiste Daniel Colin et aux architectes Alexandre Ghiulamila et Jean-Michel Miliex. Joliment composé, il a intégré à son décor des vestiges des anciens abattoirs comme la halle aux chevaux s'étirant en bordure de la rue Brancion, qui accueille aujourd'hui un marché hebdomadaire du livre ancien et d'occasion (le week-end).

Entrer dans le parc Georges Brassens par le premier accès dans la rue Brancion en venant du boulevard Lefebvre. Traverser le jardin en se dirigeant vers le campanile et son bassin.

Le parc Georges Brassens occupe avantageusement le site investi jusque vers la fin des années 1970 par les abattoirs de Vaugirard. Les interminables processions de bétail appartiennent à un passé bien révolu, dont se souviennent pourtant ceux qui habitent le quartier de longue date.

S'y promener à la belle saison réserve d'agréables découvertes, de la roseraie au rucher-école et de la vigne au jardin de senteurs, riche de plus de 80 variétés de plantes odorantes.

La silhouette élancée du campanile, ancien siège des ventes à la criée, émerge de la végétation. Après avoir dévalé quelques volées de marches, on a tout loisir de détailler son architecture. A droite du monument, plus loin, on distingue un mur d'escalade pour les enfants dont les gros blocs de pierre proviennent des bâtiments des anciens abattoirs. En s'avançant vers la grille principale on remarquera les pavillons d'entrée ainsi que deux taureaux impressionnants, mieux en situation ici que dans les jardins du Trocadéro où ils se trouvaient précédemment.

Sortir du parc et tourner à droite dans la rue des Morillons. Traverser la rue Brancion. On voit le portail qui signalait jadis l'entrée du marché aux chevaux. **Tourner à gauche dans la petite rue Santos-Dumont.**

Cette voie modeste, honorant la mémoire du pionnier de l'aviation détenteur du premier record du monde (octobre 1906 : 220 m en 21"), attire les regards surtout du côté des numéros pairs avec ses maisonnettes identiques (du 52 au 36), dont les toits pointus semblent se donner la réplique. La rue Santos-Dumont fait un coude au niveau de l'embranchement avec la villa qui porte le même nom. Cette dernière, en impasse, imposera au promeneur de rebrousser chemin à son extrémité, mais qui songerait à se plaindre du détour ? Plusieurs artistes ont élu résidence sous les frondaisons de la villa et de la rue dont le plus célèbre habitant (n° 42) fut Georges Brassens. La rue Santos-Dumont ne se départit pas, au-delà de la villa, de sa tranquillité bon enfant avec ses maisons basses d'un ou deux étages.

À droite, emprunter la rue Franquet jusqu'au bout et tourner à gauche dans la rue Labrouste. Prendre à droite la rue Charles Weiss.

Ils volent !

C'est sur le tout proche champ d'aviation d'Issy-les-Moulineaux – le "terrain", comme l'appelaient les premiers fous volants – que s'engagea l'aventure aéronautique.
Quelques bonds, quelques mètres tout d'abord... et aussi beaucoup de casse ! Mais assez rapidement les machines volantes purent parcourir des distances respectables : en septembre 1909, Santos-Dumont établit un nouveau record avec un vol de 8 km, trois ans après le premier "vol" (24 m), au terrain d'Issy.

La courte rue Charles-Weiss, fermée à la circulation des voitures, a sacrifié l'arbre qui poussait naguère au milieu de la chaussée : c'est davantage de lumière pour les ateliers d'artistes logés derrière une façade carrelée de blanc ! En

arrivant à l'intersection avec la rue Castagnary, le promeneur qui jettera un coup d'œil sur la droite profitera d'une vision insolite. Un drapeau breton flotte fièrement au sommet d'un phare frappé de l'inscription : "Gloire aux marins pêcheurs". L'ensemble surplombe un vaste marché aux poissons.

Tournons le dos à la Bretagne pour parcourir les quelques mètres dans la rue Castagnary qui nous séparent de la rue de Vouillé. Ici, à la limite des 14e et 15e arrondissements, il faut se résigner à franchir un double barrage constitué d'abord par les voies de chemin de fer desservant la gare Montparnasse puis par les immeubles imposants de la rue Vercingétorix. Tourner donc à droite dans la rue de Vouillé et passer sous le pont SNCF puis prendre à gauche la rue Vercingétorix et la remonter jusqu'au jardin du n° 119.

La rue du Moulin de la Vierge débute au pied des tours qu'une végétation méritante ne parvient pas à dissimuler. Ce jardin forme un passage jusqu'à la rue du Moulin de la Vierge qui le prolonge. Il reste difficile d'imaginer le moulin à vent qui donna son nom à la rue, et qui ne manquait pas de voisins dans les parages comme l'atteste plus loin la rue du Moulin Vert. Mais dès que l'on a dépassé la rue de

La Bretagne à Montparnasse.

C'est à côté de la gare d'arrivée que la communauté bretonne a longtemps fixé ses quartiers. Associations, cafés, bals, commerces... les Bretons ont fait de leur terre d'adoption une seconde patrie. On trouve même, au n° 133 de la rue Vercingétorix, un menhir offert par la chambre de commerce du Morbihan.

l'Ouest, le paysage s'humanise rapidement. Les ateliers-habitations qui occupent huit numéros de la rue Decrès, quand on la regarde vers la droite, sont le témoignage qu'une réalisation contemporaine peut s'intégrer harmonieusement au tissu urbain.

Tourner à gauche rue Raymond Losserand et la suivre jusqu'à la rue des Thermopyles, à droite.
Au n° 89, rue Raymond Losserand, on remarque un immeuble d'angle d'une centaine d'années, surabondamment décoré de motifs en stuc à la recherche d'un style qui se voulait cossu. Quelques pas dans la ruelle et la rumeur commerçante s'estompe. La rue des Thermopyles est un bonheur offert à tous ceux qui foulent ses pavés. Des feuillages s'échappent des jardinets devant les pavillons et petits immeubles dont les façades simples sont parfois agrémentées de quelques moulures. La séduction de l'endroit tient beaucoup à son authenticité. L'habitat n'est pas exclusivement populaire mais l'est demeuré pour une part notable, des artisans – qui ne sont pas "d'art" – sont encore présents dans la ruelle. Pour combien de temps ? Les habitants se battent pour qu'un plan d'urbanisme léger soit adopté plutôt qu'une opération de plus grande envergure qui dénaturerait à coup sûr ce vieux quartier fragile. La plaque du n° 20 "Attention, chat en psychanalyse" écarte-t-elle tous les dangers ?

Moulins parisiens.
Si les moulins furent nombreux sur les hauteurs aux portes de la capitale, dans ce qui deviendra plus tard le 14e arrondissement, c'est en raison de la proximité des routes menant à la Beauce dont provenait le blé.

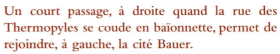

Un court passage, à droite quand la rue des Thermopyles se coude en baïonnette, permet de rejoindre, à gauche, la cité Bauer.

Comme sa voisine, la cité Bauer a du charme auquel contribuent les nombreux rosiers grimpants fleurissant dans ses jardins. On ne peut pas manquer de remarquer, en particulier, le magnifique portail ouvragé du n° 19 qui se donne des airs – bien inattendus – de datcha. En fin de rue, des palissades de chantier annoncent cependant des bouleversements dont on peut craindre qu'ils rompent l'équilibre fragile de cet îlot hors du temps.

Giacometti, Parisien d'adoption.
De 1927 jusqu'à sa mort en 1966, le grand peintre et sculpteur garda son petit atelier au n° 46 de la rue Hippolyte Maindron. Dans un désordre et un dénuement légendaires, la plupart de ses chefs-d'œuvre y sont nés.

Traverser
la rue Didot et entrer
dans le petit square du Chanoine Viollet à l'angle de la rue du Moulin Vert.
Le traverser et, à la sortie, tourner à droite dans la rue Hippolyte Maindron pour rejoindre la rue du Moulin Vert.
Ancienne, cette rue l'est assurément puisque son tracé figure sur les plans du début du XVIIIe siècle. Elle tient son nom d'un ancien moulin à côté duquel, dès 1842, prospérait une guinguette. Celle-ci est devenue un restaurant, toujours installé à l'angle de la rue des

Du parc Georges Brassens au parc Montsouris

Plantes. Ici cohabitent des immeubles contemporains sans grâce et des ateliers ou des maisons basses d'un ou deux étages, plus anciennes, et représentatives de ce qu'était l'habitat populaire dans ce quartier qui tient à la fois de la ville et de la campagne. Au n° 26, un superbe poirier semble se trouver à son aise dans la petite cour d'un immeuble de deux étages. Quant à l'immeuble du n° 24, il affiche non sans élégance ses prétentions bourgeoises avec de jolis *bow-windows* blancs qui animent ses murs de brique : l'art nouveau côtoie ici sans façons un habitat dont le style était de n'en pas chercher.

Passer la rue des Plantes, poursuivre tout droit jusqu'à l'avenue du Maine. Traverser et emprunter le passage Rimbaut.
Cette dernière portion de la rue du Moulin Vert est la plus austère et banale, mais elle offre une belle perspective sur le flanc de Saint-Pierre de Montrouge émergeant au-dessus des arbres de l'avenue. L'étroit passage Rimbaut, pavé et arboré, est un endroit agréable, presque paisible entre les deux grandes avenues qu'il relie, définitivement conquises par l'automobile.

Des fleurs et des pavés.
La rue des Plantes a hérité en 1877 de ce nom bucolique en raison des pépinières qui fleurissaient ses alentours entre la rue du Moulin Vert et les actuels boulevards extérieurs.

23

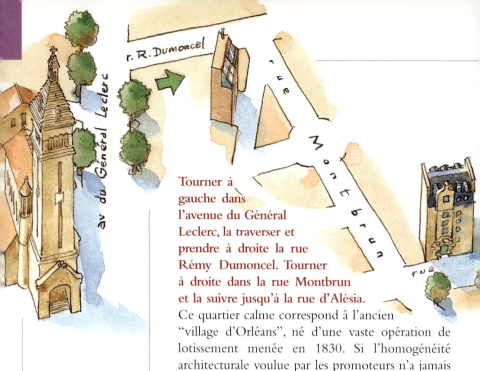

Tourner à gauche dans l'avenue du Général Leclerc, la traverser et prendre à droite la rue Rémy Dumoncel. Tourner à droite dans la rue Montbrun et la suivre jusqu'à la rue d'Alésia.

Ce quartier calme correspond à l'ancien "village d'Orléans", né d'une vaste opération de lotissement menée en 1830. Si l'homogénéité architecturale voulue par les promoteurs n'a jamais été véritablement au rendez-vous, il subsiste le tracé de parcelles régulièrement découpées avec des voies bien parallèles et des places rondes ou en demi-lune aux intersections. Quand on s'engage dans la rue Montbrun, on aperçoit à droite les intéressantes constructions du passage Montbrun, en particulier les studios d'artistes édifiés au n° 4 en brique, fer et verre.

Debout Vercingétorix !

Plutôt rare, en France tout du moins, de saluer une défaite en donnant son nom à une rue importante. C'est pourtant le cas avec la rue d'Alésia traversant l'arrondissement de part en part, alors que la victoire de Gergovie doit se contenter d'un modeste passage de quelques dizaines de mètres !

Parvenu rue d'Alésia, tourner à gauche pour rejoindre la rue de la Tombe Issoire. Tourner à droite dans cette dernière.

Au passage, on aura remarqué au n° 20 bis, rue d'Alésia le couple sculpté ployant sous la charge des cinq étages d'un bel immeuble du début du siècle. La rue de la Tombe Issoire est une voie ancienne qui prolongeait, hors de Paris, les non moins ancestrales rues Saint-Jacques et du Faubourg Saint-Jacques. Nous sommes sur la route des pèlerins de Compostelle... mais notre périple nous entraînera moins loin !

À hauteur du n° 101 s'ouvre la charmante villa Seurat bordée de maisons-ateliers d'une rare homogénéité architecturale. La raison en est sans doute que nombre d'entre elles (n°s 1, 3, 3 bis, 4, 5, 8, 9,11) sont le fait du même architecte, André Lurçat, qui repéra les lieux et incita le propriétaire à les lotir. Ici résidèrent Soutine, Miller, Dali, Lurçat, Gromaire...

Traverser la rue Saint-Yves et poursuivre la rue de la Tombe Issoire.

On remarque déjà le talus gazonné des réservoirs de Montsouris. Occupant plus de 5 hectares, les réservoirs ont été construits en 1874 par l'ingénieur Belgrand. Au n° 115 de la rue, on voit très bien le pavillon principal à charpente métallique qui domine le tumulus. Deux panneaux indiquent la provenance des eaux collectées : le Loing, le Lunain, la Vanne et la Voulzie alimentent les 200 000 m^3 d'eau stockés ici, sur le site d'anciennes carrières.

Arrivé place Jules Hénaffe, tourner à gauche avenue Reille.

Moque-Souris ?

L'origine de "Montsouris" reste très discutée... comme il est souvent de rigueur avec les noms anciens. A défaut de certitude, donnons donc la version la plus imagée : le lieu tiendrait son nom du moulin de Moque-Souris, si pauvre que même les rongeurs n'y trouvaient pas leur bonheur.

25

Emprunter le square Montsouris, à hauteur du n° 53 de l'avenue Reille.

L'atelier faisant angle entre l'avenue et le square est la première réalisation parisienne de Le Corbusier, en l'occurrence pour le peintre Ozenfant. Merveilleuse ruelle escarpée, débordant de végétation, où se succèdent avec un bonheur rare ateliers d'artistes et maisons individuelles, toutes différentes, toutes ravissantes ! Dans sa dernière portion, la ruelle plonge vers le parc Montsouris, offrant un horizon verdoyant au promeneur et une intéressante maison d'Auguste Perret (n° 2) à l'amateur d'architecture.

Traverser la rue Nansouty, et entrer dans le jardin par la petite porte qui fait presque face au square Montsouris. Emprunter l'allée contournant la vaste pelouse sur la droite et opter pour la gauche à la première bifurcation.

Le parc Montsouris est le grand projet "végétal" haussmannien du sud de Paris, comme les Buttes Chaumont le furent au nord. L'allée bordée de platanes et de marronniers vénérables serpente entre les pelouses. Quand elle s'infléchit vers la gauche et peu avant un abri de service situé sur sa droite, on repère dans le goudron un des 135 médaillons de bronze incrustés par Jan Dibbets dans le sol parisien selon le tracé virtuel du méridien de Paris, en hommage au physicien et astronome Arago (1994).

Du parc Georges Brassens au parc Montsouris

L'allée aboutit à une aire de jeux pour les enfants ; poursuivre sur la droite.

On peut néanmoins, juste après l'aire de jeux, emprunter sur la gauche la passerelle enjambant les voies du RER pour admirer du haut d'un petit belvédère le lac artificiel de la partie basse du parc. On revient sur ses pas et, continuant dans l'allée ombragée, on arrive à hauteur d'une stèle imposante, percée en son sommet : la Mire du Sud, édifiée dès 1806.

Notre promenade, qui aura plus suivi un parallèle qu'un méridien, atteint pourtant ici son terme... provisoire pour qui aurait encore l'énergie de poursuivre – mais cette fois sans guide –, de l'autre côté du boulevard, dans les jardins de la Cité Universitaire.

La Mire du Sud.

Édifiée en 1806, la mire ne matérialise pas le méridien de Paris, comme on le pense souvent à tort. Située à l'est du méridien, la mire a été construite pour la mise au point d'un instrument utilisé par les astronomes de l'Observatoire, le quart-de-cercle, qui était placé dans un bâtiment extérieur aujourd'hui disparu. L'inscription "Du règne de..." semble bien énigmatique depuis que la pierre gravée au nom de Napoléon a été "extirpée" du corps du monument, sans doute sous la Restauration. Quant au méridien, il a été le premier point de repère fixe pour tous les navigateurs jusqu'en 1884, date à laquelle fut adopté celui de Greenwich. À quelques mètres de la mire, le premier des 135 médaillons de bronze scellés dans le sol parisien est la seule trace de son passage dans le parc Montsouris.

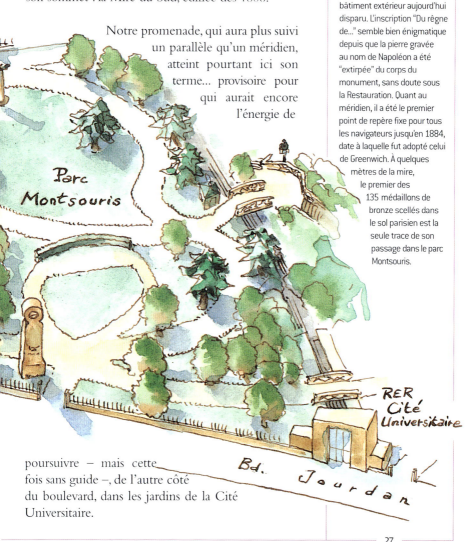

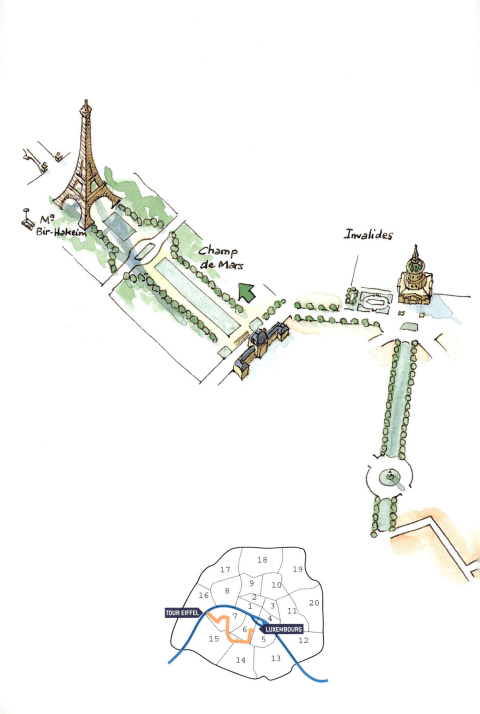

PROMENADE 3

DU LUXEMBOURG À LA TOUR EIFFEL

5,7 km

Ce parcours relie, par des voies indirectes, les espaces verts les plus importants de la rive gauche. Tous ont été conçus en fonction d'édifices parmi les plus prestigieux de la capitale ; liés à leur architecture, ils sont eux-mêmes chargés d'histoire. Ce n'est donc pas à l'abandon d'une promenade champêtre que le piéton est convié ! Mais entre verdure et vieilles pierres, il prendra sûrement plaisir à discerner sur quelle réalité encore tangible s'est édifié le mythe de Montparnasse. Sans doute aussi appréciera-t-il les tracés spacieux et largement ouverts au ciel qui façonnent la plaine de Grenelle et contrastent avec le réseau plus dense, suffocant à certains jours, des quartiers du centre parisien.

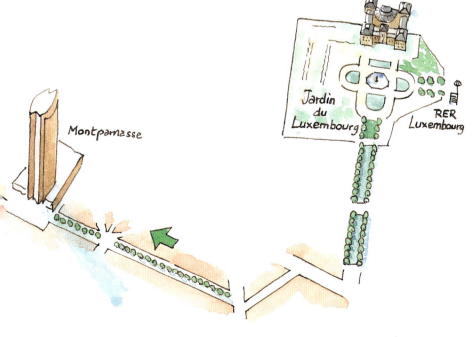

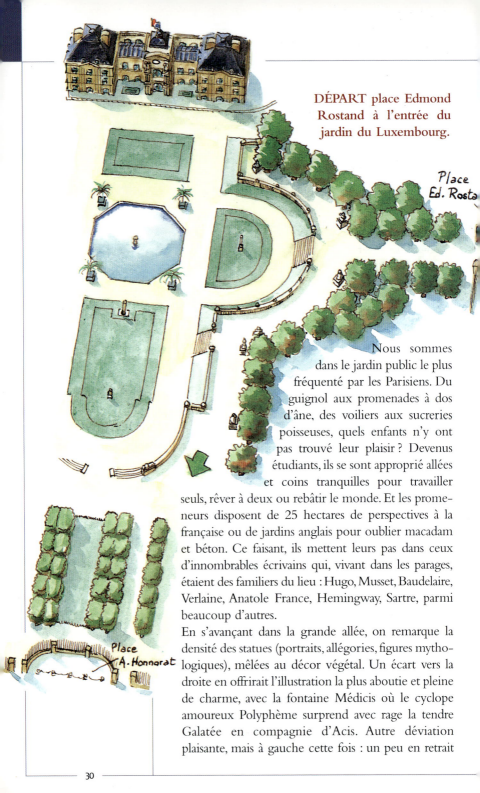

DÉPART place Edmond Rostand à l'entrée du jardin du Luxembourg.

Nous sommes dans le jardin public le plus fréquenté par les Parisiens. Du guignol aux promenades à dos d'âne, des voiliers aux sucreries poisseuses, quels enfants n'y ont pas trouvé leur plaisir ? Devenus étudiants, ils se sont approprié allées et coins tranquilles pour travailler seuls, rêver à deux ou rebâtir le monde. Et les promeneurs disposent de 25 hectares de perspectives à la française ou de jardins anglais pour oublier macadam et béton. Ce faisant, ils mettent leurs pas dans ceux d'innombrables écrivains qui, vivant dans les parages, étaient des familiers du lieu : Hugo, Musset, Baudelaire, Verlaine, Anatole France, Hemingway, Sartre, parmi beaucoup d'autres.

En s'avançant dans la grande allée, on remarque la densité des statues (portraits, allégories, figures mythologiques), mêlées au décor végétal. Un écart vers la droite en offrirait l'illustration la plus aboutie et pleine de charme, avec la fontaine Médicis où le cyclope amoureux Polyphème surprend avec rage la tendre Galatée en compagnie d'Acis. Autre déviation plaisante, mais à gauche cette fois : un peu en retrait des statues féminines qui bordent la balustrade, la statue du *Marchand de masques* (1886) de Zacharie Astruc, où l'on reconnaît les grands noms du romantisme : Dumas, Balzac, Berlioz, Delacroix, Carpeaux, etc.

Descendre vers le bassin central.
A droite, le drapeau flotte sur le Sénat depuis 1958. La façade du palais est quelque peu défigurée par l'horloge qu'on verrait mieux sur une petite gare de campagne. Son ordonnance serrée, plutôt sévère, mériterait mieux. L'harmonie du jardin est soulignée par la balustrade en couronne, avec ses vases largement fleuris, qui se détache sur le fond des feuillages. Les caisses d'orangers près du Sénat et les couleurs des parterres perpétuent la tradition d'un style horticole où la noblesse discipline l'exubérance.

Passer à gauche du bassin et s'engager dans le perspective dessinée dans l'axe du palais.
On voit s'amorcer une coulée de verdure qui, du Sénat à l'Observatoire, s'allonge sur 1,250 km. Ainsi la dessina sous l'Empire l'architecte Chalgrin lorsqu'il remania l'enclos des Chartreux où, depuis 1257, les moines cultivaient vignes, vergers et plantes potagères avant d'être expulsés sous la Révolution. L'effet de noblesse est certain, et le tissu urbain bénéficie là d'une appréciable coulée d'air et de chlorophylle. Quand on s'y engage, on distingue à gauche, derrière les grilles, l'arrière de l'École des Mines : c'est en fait la belle façade sur jardin − et le seul reste − de ce qui était au XVIIIe siècle l'hôtel de Vendôme. Sur la droite, après les quinconces, on devine le paysage plus souple et d'un naturel très étudié, du jardin anglais. Nombreux sont les promeneurs qui viennent flâner entre ses pelouses, ses massifs de fleurs et ses statues disséminées parmi les arbres rares soignés par des jardiniers experts. On pourrait même derrière ses arbustes admirer les espaliers modèles d'un jardin fruitier, dernier souvenir concret de l'ancienne pépinière des Chartreux.

Une Italienne à Paris.
Nous devons ce jardin au rêve royal de Marie de Médicis. La veuve d'Henri IV, rebutée par le Louvre qui l'emprisonnait dans un Paris insalubre et bruyant, gardait la nostalgie de sa Toscane natale. Dans ce faubourg aéré, où elle acheta l'hôtel du Petit-Luxembourg et les terrains annexes, le palais qu'elle se fit construire par Salomon de Brosse lui rappelait un peu par ses bossages le palazzo Pitti à Florence ; même souvenir italien dans les plantations, statues et jeux d'eau qui agrémentaient le jardin. Elle en profita peu, de 1625 à sa fuite hors de France, en 1630.

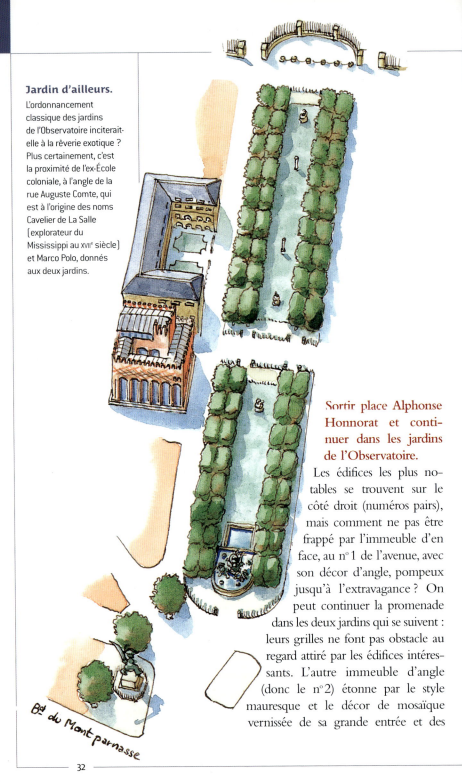

Jardin d'ailleurs.
L'ordonnancement classique des jardins de l'Observatoire inciterait-elle à la rêverie exotique ? Plus certainement, c'est la proximité de l'ex-École coloniale, à l'angle de la rue Auguste Comte, qui est à l'origine des noms Cavalier de La Salle (explorateur du Mississippi au XVIIe siècle) et Marco Polo, donnés aux deux jardins.

Sortir place Alphonse Honnorat et continuer dans les jardins de l'Observatoire. Les édifices les plus notables se trouvent sur le côté droit (numéros pairs), mais comment ne pas être frappé par l'immeuble d'en face, au n° 1 de l'avenue, avec son décor d'angle, pompeux jusqu'à l'extravagance ? On peut continuer la promenade dans les deux jardins qui se suivent : leurs grilles ne font pas obstacle au regard attiré par les édifices intéressants. L'autre immeuble d'angle (donc le n° 2) étonne par le style mauresque et le décor de mosaïque vernissée de sa grande entrée et des

— 32 —

fenêtres : c'était l'École coloniale (1895), où la Troisième République formait les administrateurs des colonies françaises ; elle abrite aujourd'hui l'Institut international d'administration publique. Le néo-classicisme de la Faculté de Pharmacie (n°s 4-6) paraît bien banal comparé à l'immeuble suivant. C'est l'Institut d'Art et d'Archéologie édifié en 1927 par Paul Bigot : un cube massif de béton habillé de briques, qui présente des croisillons et des créneaux néo-mauresques, des fenêtres cintrées romanes et des fenêtres "vaguement babyloniennes". La frise du rez-de-chaussée combine des motifs assyriens, grecs et Renaissance, sans doute pour honorer avec éclectisme les grands moments de l'art.

Arrivé au bout des jardins, il faut se retourner pour embrasser du regard la vue admirable sur les alignements de marronniers, le palais du Luxembourg et, si le temps est clair, le Sacré-Cœur de Montmartre en fond de tableau. La fontaine de l'Observatoire, une des plus photogéniques de Paris, inscrit ses jeux d'eau dans le paysage comme un magnifique point d'orgue. C'est Davioud qui l'a conçue en 1875, mais c'est Carpeaux qui fait danser les *Quatre parties du monde*, triomphe de l'harmonie au-dessus de la fougue maîtrisée des chevaux et dauphins sculptés par Frémiet.

Au-delà du carrefour, la perspective est fermée par l'Observatoire, le doyen de tous ceux qui sont en service dans le monde. Achevé en 1672 sur les plans de Claude Perrault (le frère du conteur), il a toujours été un haut lieu de la recherche astronomique. Son orientation nord-sud avait été scientifiquement déterminée en 1667 suivant l'axe du méridien de Paris. Avant l'adoption du Temps universel à partir du méridien de Greenwich, c'est de là qu'était définie l'heure pour toute la France !

L'Observatoire.
Voulu par Louis XIV, l'Observatoire royal fut construit tout de pierre, sans fer pour ne pas perturber les aiguilles aimantées, ni bois par crainte des incendies. Son directeur, l'astronome d'origine italienne Jean-Dominique Cassini, nommé en 1669, fut le premier d'une longue lignée familiale qui conserva le même poste jusqu'en 1791. Une petite rue voisine porte le nom de ces pionniers.

La Closerie des Lilas.

Curieux destin que celui d'une modeste guinguette de barrière établie en 1838, rendez-vous des postillons et des ouvriers du quartier ! Au tournant du siècle, c'est déjà un café mieux équipé qu'ont fréquenté Verlaine et les poètes symbolistes. Bien d'autres vont s'y retrouver et Paul Fort, qui se fait appeler "le prince des poètes" en fait son quartier général. Tous y ont défilé,

plus ou moins assidus, de Claudel à Apollinaire, d'Alain-Fournier à Francis Carco, pour des libations tantôt joyeuses, tantôt agressives : les combats d'idées littéraires et artistiques y ont souvent pris la forme de belles bagarres entre surréalistes et cubistes ! Dans les années vingt, même si l'âge d'or de la Closerie est révolu, Hemingway y vient assidûment retrouver des compatriotes de passage. Maintenant, ce haut lieu de la vie littéraire s'assoupit dans un confort bien établi.

Se diriger vers la droite, à l'angle du boulevard du Montparnasse.

Au milieu des platanes, à droite, le maréchal Ney est immortalisé par Rude dans l'élan contagieux du chef menant ses troupes à l'assaut : hommage réparateur au "brave des braves" qui fut fusillé tout près d'ici en 1815.

L'aimable Closerie des Lilas, à la frontière entre le quartier de l'Observatoire et Montparnasse, reste un lieu mythique dans le Paris des gens de lettres.

Continuer le boulevard du Montparnasse jusqu'à hauteur du n° 151.

Le bel immeuble qui fait l'angle de la rue Campagne Première est dû à la maîtrise de Bruno Elkouken. Ses lignes strictes sont tempérées par le galbe de l'angle, lui-même allégé par la contre-courbe et le retrait des étages supérieurs. Du grand art !

Prendre la rue Campagne Première, jusqu'au boulevard Raspail.

Chaque maison ou presque est chargée de souvenirs. Derrière le porche du n° 9 subsiste une cours d'ateliers construits en matériaux récupérés de l'Exposition universelle de 1900 ; Rilke, De Chirico y connurent la solitude du créateur. C'est du n° 11 que sort Belmondo à la fin de *À bout de souffle*. Au n° 17 bis, le photographe Eugène Atget fixait dans son atelier les précieuses images d'un Paris populaire. Quant au passage d'Enfer (n° 9), c'est le décor presque inchangé d'une cité ouvrière d'il y a cent ans. En face, pour peu qu'on franchisse le porche du n° 8 bis, on chemine sur des pavés disjoints pour découvrir une cour oubliée du "progrès". Sans la plaque apposée près de la porte, rien ne ferait remarquer l'hôtel d'Istria (n° 29). Et pourtant, quelle ne fut pas sa clientèle !

Traverser le boulevard Raspail et prendre le boulevard Edgar Quinet.
Le boulevard longe le cimetière du Montparnasse, dernière demeure anonyme de morts "ordinaires" ou célèbres. Les noms illustres ne manquent pas, de Baudelaire à Sartre, de Soutine à Ionesco, de Louis Hachette à Serge Gainsbourg. Sur le terre-plein central du boulevard, l'allée Georges Besse offre une longue promenade que prolonge le dimanche le « marché de la création ». Sur le côté des numéros pairs se trouvent juxtaposés d'anciens immeubles populaires et un hôtel particulier (n° 16).

Hôtel d'Istria.
Au n° 29 de la rue Campagne Première, la modeste marquise de l'hôtel d'Istria a protégé dans les années vingt les allées et venues de presque tous les écrivains, artistes et modèles : Man Ray et Kiki, Kisling, Picabia, Rilke, Joséphine Baker et sa troupe, sans parler des débuts des amours d'Aragon et Elsa Triolet. Peu après, le poète moins désargenté pouvait offrir à sa belle une adresse plus flatteuse et toute proche : l'extraordinaire immeuble des n°s 31-31 bis.

Depuis 1922, Man Ray devenu célèbre en avait fait son domicile, et pour longtemps. L'architecte Arfvidson y avait imaginé en 1911 les premiers duplex pour artistes, logements éclairés par de grandes baies, pourvus du chauffage central et du téléphone.

À hauteur de la station de métro Edgar Quinet, le café "La Liberté" rend hommage à un habitué qui, dit-on, y passait de longues heures à écrire son plus volumineux roman ; il s'appelait Jean-Paul Sartre et le livre, *Les Chemins de la liberté*.

La tour mal-aimée.
Controversée, décriée avant même qu'elle ne sorte du sol, la tour Montparnasse n'a jamais vraiment su se faire aimer des Parisiens, peu sensibles à l'exploit architectural : il a fallu des fondations profondes de 70 mètres pour soutenir les 115 000 tonnes de béton et de métal. Avec ses 7 000 tonnes, la tour Eiffel fait figure, en comparaison, de poids-plume !

Traverser la rue du Départ et l'esplanade entre la Tour et la gare.
La tour Montparnasse dresse ses poutrelles d'acier et ses panneaux de verre fumé jusqu'à 210 m. Comme la tour Eiffel, elle sert aujourd'hui de repère dans le paysage parisien. Malgré l'espace qui l'entoure, l'environnement est souvent agité : la gare, les bureaux et le centre commercial ne peuvent pas créer une oasis de paix ! Telle n'était d'ailleurs pas l'ambition de cette "rénovation bulldozer" accomplie de 1968 à 1973 : il s'agissait de rééquilibrer les activités tertiaires de Paris trop concentrées vers l'ouest. Autour de la nouvelle gare restructurée et agrandie, on a ordonné tous les éléments de la vie moderne : logements dans des immeubles-barres, parkings souterrains, bureaux de la Tour et magasins groupés. Avec le temps, l'ensemble fonctionne, sans s'intégrer vraiment dans le tissu urbain lacéré. Heureusement la nouvelle façade de la gare (1987) joue des transparences du verre et de la solidité du béton pour inviter au voyage rapide, facile et sûr.

Traverser la rue de l'Arrivée et suivre le trottoir de la place Bienvenüe à gauche du tunnel. Tourner à gauche dans la rue Antoine Bourdelle.
Cette rue plus tranquille offre quelques rares vestiges de ce que fut l'habitat du quartier, en dehors des hangars branlants et des maisons insalubres que la spéculation immobilière a déjà remplacés par des immeubles rentables. Ainsi, dans la cacophonie des genres, on note le petit immeuble XIXe du n° 10 et

surtout au n° 16 la maison où vécut Antoine Bourdelle de 1885 jusqu'à sa mort en 1929, avec son charmant "jardin de curé" attenant. Il ressemble maintenant à un musée en plein air, avec la présence de plusieurs statues du maître, ancien assistant de Rodin. Les bâtiments du musée cachent au regard l'atelier même du sculpteur, mais on aperçoit de la rue, en attendant une vraie visite, quelques-unes de ses œuvres puissantes et stylisées.

Un peu plus loin, les panneaux de verre cintrés du n° 24 sont la réplique de la façade rue Falguière de l'immeuble construit en 1990 pour le quotidien *Le Monde* par Pierre du Besset et Dominique Lyon (d'autres entreprises occupent actuellement ces bureaux). Le contraste de cet immeuble audacieux avec la petite maison et sa cour-jardinet à laquelle il est accolé résume à lui seul l'histoire de Montparnasse en un siècle.

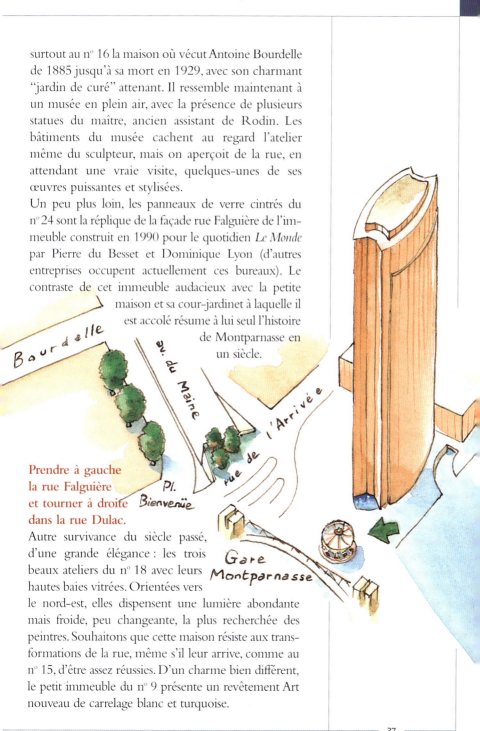

Prendre à gauche la rue Falguière et tourner à droite dans la rue Dulac.

Autre survivance du siècle passé, d'une grande élégance : les trois beaux ateliers du n° 18 avec leurs hautes baies vitrées. Orientées vers le nord-est, elles dispensent une lumière abondante mais froide, peu changeante, la plus recherchée des peintres. Souhaitons que cette maison résiste aux transformations de la rue, même s'il leur arrive, comme au n° 15, d'être assez réussies. D'un charme bien différent, le petit immeuble du n° 9 présente un revêtement Art nouveau de carrelage blanc et turquoise.

Naissance du stéthoscope.

C'est en traversant la cour du Louvre, alors en travaux, que Laennec surprit, par un matin de l'hiver 1816, le jeu d'enfants se transmettant des messages sonores en frappant aux deux extrémités d'une longue poutre. L'idée lui vint de donner un prolongement scientifique à cet amusement. De retour à l'hôpital Necker, le médecin fit aussitôt fabriquer des cylindres en papier puis en bois. Avec ces instruments, les battements cardiaques étaient très clairement perceptibles ; l'acoustique donnait une nouvelle dimension à l'auscultation.

Traverser la rue de Vaugirard et remarquer l'impasse de l'Enfant Jésus.

Les grands volumes arrondis et les carreaux blancs du Samu constituent l'apport architectural le plus récent au grand complexe hospitalier Necker-Enfants malades. Si l'impasse se réfère à l'Enfant Jésus, ce n'est pas parce qu'avant l'existence du Samu, la prière ait été le seul recours dans les urgences médicales, mais c'est la dernière trace d'une ancienne institution d'éducation dite "Maison royale de l'Enfant Jésus", tenue par des religieuses et transformée en hôpital des enfants malades en 1802. Depuis 1921, cet hôpital a fusionné avec son voisin l'hôpital Necker. Bientôt va sortir de terre un nouvel hôpital, qui sera un des plus grands CHU de Paris.

Tourner à gauche dans la rue de Vaugirard. Descendre le boulevard Pasteur jusqu'à la place Henri Queuille.

Cette partie du boulevard fut aménagée au XIXe siècle sur une portion de l'enceinte des Fermiers Généraux, de la « barrière de Vaugirard » à la « barrière de Sèvres », au croisement des rues du même nom. En face, le lycée Buffon aligne ses bâtiments sévères sur l'emplacement de l'ancien cimetière parisien de Vaugirard.

Traverser la place Henri Queuille et s'engager dans l'avenue de Breteuil.

La partie centrale de cette avenue offre sur plus d'un hectare une promenade verdoyante et fleurie, ombragée de platanes. On voit d'emblée sa raison d'être : solenniser l'accès à l'église royale des Invalides. Dessinée en 1680 par Jules Hardouin-Mansart, elle s'arrêtait à l'actuelle place de Breteuil, qui fut elle-même créée lors du percement de l'avenue de Saxe en 1782. Avec cent ans d'écart, deux axes forts se croisent ici, qui valorisent deux édifices emblématiques du pouvoir : une chapelle voulue par le roi et l'École où venait se former l'élite des armées. En s'arrêtant à l'embranchement de l'avenue de Saxe, on entrevoit la façade de

Du Luxembourg à la tour Eiffel

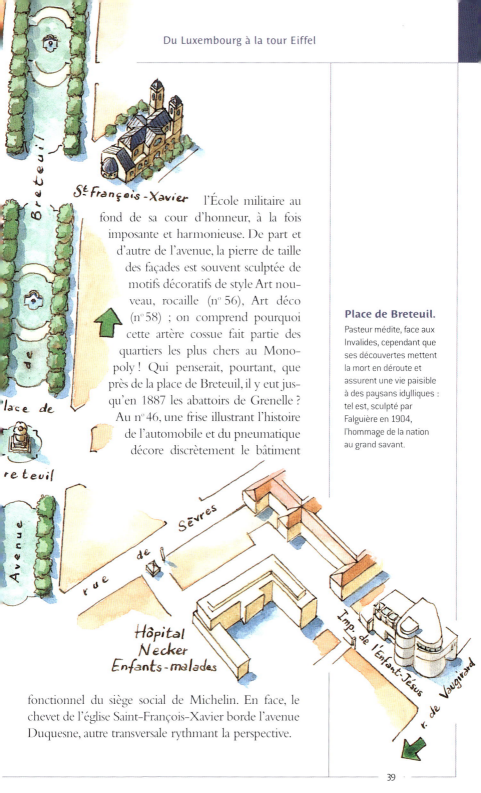

St-François-Xavier l'École militaire au fond de sa cour d'honneur, à la fois imposante et harmonieuse. De part et d'autre de l'avenue, la pierre de taille des façades est souvent sculptée de motifs décoratifs de style Art nouveau, rocaille (n° 56), Art déco (n° 58) ; on comprend pourquoi cette artère cossue fait partie des quartiers les plus chers au Monopoly ! Qui penserait, pourtant, que près de la place de Breteuil, il y eut jusqu'en 1887 les abattoirs de Grenelle ? Au n° 46, une frise illustrant l'histoire de l'automobile et du pneumatique décore discrètement le bâtiment fonctionnel du siège social de Michelin. En face, le chevet de l'église Saint-François-Xavier borde l'avenue Duquesne, autre transversale rythmant la perspective.

Place de Breteuil.
Pasteur médite, face aux Invalides, cependant que ses découvertes mettent la mort en déroute et assurent une vie paisible à des paysans idylliques : tel est, sculpté par Falguière en 1904, l'hommage de la nation au grand savant.

Hôpital Necker Enfants-malades

39

Six cercueils pour un empereur.

Si Louis XIV, grand bâtisseur, n'a plus de sépulture, sa chapelle offre un écrin superbe à celle de Napoléon 1er. Dans un tombeau en porphyre et granit vert, l'empereur repose en uniforme des chasseurs de la Vieille Garde, à l'intérieur de six cercueils de fer blanc, d'acajou, de plomb (deux fois), d'ébène et de chêne.

Devant le Dôme des Invalides viennent converger place Vauban les avenues rayonnantes (comme à Versailles) tracées pour embellir l'accès à l'église royale. Louis XIV l'a voulue dans le prolongement de celle des soldats intégrée à l'hôpital militaire. Restauré et redoré plusieurs fois (la dernière date de 1989), le Dôme a retrouvé son éclat d'origine, avec les contrastes de l'or pâle sur l'ardoise de la calotte, la beauté des trophées ciselés et la hardiesse de la flèche rutilante qui s'élève (nostalgie de clocher ?) à 107 m du sol. C'est le couronnement royal conçu par Hardouin-Mansart pour coiffer l'édifice carré (1671-1706) où se déclinent sobrement les ordres dorique et corinthien, les colonnes en saillie et les hautes fenêtres, les décrochements de la façade et le double tambour soutenant la coupole.

Devant le Dôme, tourner à gauche et longer le jardin de l'Intendant.

Ce jardin, inauguré en 1980 mais créé selon des plans du XVIIIe siècle, fait oublier de vilains bâtiments annexes qu'on avait laissés s'établir ici, et met en valeur la beauté originelle de l'hôtel des Invalides. Son ordonnance à la française très stricte (ifs en cône et buis taillés) et les fossés qui le ceinturent rappellent qu'il s'agit d'un ensemble militaire. Mais le mail planté de tilleuls offre en été une ombre

légère et parfumée. Antoine de Saint-Exupéry aurait pu en faire son paysage quotidien quand il habitait en face, place Vauban. En 1766, le pharmacien des Invalides

Du Luxembourg à la tour Eiffel

s'appelait Parmentier et cultivait, sans doute ici, les tubercules qui allaient fournir au peuple une nourriture à très bas prix ; il mériterait bien une statue !

Suivre l'avenue de Tourville.

Le premier immeuble à droite (n° 4) présente une façade très composite bien typique du goût éclectique de l'architecte Dutarque, avec cariatides opulentes, fenêtres mauresques, bow-windows en vérandas. Il est aussi l'auteur des immeubles n°s 17 et 19 où l'on retrouve le même type de façade très sculptée. Tout cet ensemble fut construit en 1892, période où débute l'urbanisme de qualité dans cette plaine de Grenelle longtemps jugée trop loin du centre et sans intérêt. La tendance s'est confirmée durant les décennies suivantes : il n'est que de voir, de part et d'autre de la rue Joseph Granier, la grande réalisation très réussie datant des années trente.

On arrive à l'angle de l'École militaire, dont le premier bâtiment qu'on voit est un ajout de Napoléon III.

Honneur aux soldats.

Voué à la gloire des armées et à l'art militaire, ce quartier abonde en effigies de grands soldats. La IIIe République honore Mangin avenue de Breteuil, Fayolle et Joffre place Vauban, et Lyautey place Denys Cochin. Quant à Duquesnes, Vauban, Tourville, Villars, d'Estrées, les succès militaires de Louis XIV leur doivent beaucoup.

La plus belle école.
L'architecte Gabriel, poussé par Mme de Pompadour, voulait surpasser la beauté des Invalides, mais faute d'argent il dut restreindre l'ambition du projet initial. De la sorte, l'École fut achevée en 1773 ; neuf ans plus tard, le jeune Napoléon Bonaparte venait y apprendre l'art militaire.

Tourner à gauche dans l'avenue de la Motte-Picquet et s'avancer dans les allées du Champ de Mars.

C'est avec un peu de recul que, du Champ-de-Mars, on apprécie le mieux le déploiement grandiose et sobre de la longue façade de l'École militaire, animée par le pavillon central coiffé d'un dôme à quatre pans, et son avant-corps à colonnes et fronton.

Quant au Champ-de-Mars, c'est de 1908 à 1928 que le paysagiste Jean Formigé lui a donné l'aspect actuel d'une longue pelouse bordée de rangées d'arbres tandis qu'autour, des allées sinueuses serpentent dans des bosquets moins rectilignes. Tulipier de Virginie, cèdre de l'Atlas, noisetier de Byzance et gingko biloba, parmi d'autres, y attendent l'amateur d'essences rares.

Ici, point n'est besoin de guide ; ce sont les envies, ou les souvenirs d'enfance, qui conduisent chacun dans ce parc sans barrières. On sait qu'à l'origine, c'était le terrain de manœuvres de l'École, aménagé sur d'anciennes cultures maraîchères. Cette vaste esplanade qui avait pu accueillir 300 000 personnes lors de la fête de la Fédération en 1790 n'a pas cessé, depuis, d'être le théâtre de fêtes exceptionnelles, patriotiques, politiques, religieuses ou musicales. Les grandes Expositions universelles du siècle dernier y trouvèrent l'espace qui leur était nécessaire pour promouvoir le progrès industriel. "Le règne du fer commence", annonçait Mirbeau en 1890. Il avait bien raison : la tour Eiffel bâtie de 1887 à 1889 venait de l'illustrer. Elle devait servir d'emblème à l'exposition de 1889 et marquer le centenaire de la Révolution française.

Du Luxembourg à la tour Eiffel

À l'instar des "chefs-d'œuvre" du compagnonnage, c'est la prouesse technique d'un ingénieur qui avait à vaincre la difficulté de "faire tenir" une tour de 300 m de haut. Les quatre piliers inclinés dont les fondations descendent sous le niveau de la Seine, à - 15 m, sont reliés entre eux par quatre arches et par les deux plates-formes des premier et deuxième étages : c'est à 169 m du sol qu'ils se rejoignent pour ne plus former qu'une seule colonne de poutrelles jusqu'au troisième étage surmonté des antennes. L'exploit était double : avoir démontré les possibilités du fer, à la fois rigide et souple, pour résister au vent, et avoir utilisé des éléments préfabriqués réalisés en atelier, ce que le XXᵉ siècle allait généraliser.

La Tour aurait dû disparaître après l'Exposition : ses détracteurs étaient nombreux et influents. Elle dut sa survie aux frais énormes qu'aurait nécessités le démontage de ses 7 000 tonnes de poutrelles. Aujourd'hui, ce serait un tollé si on parlait de la détruire.

La tour utile...

Plus personne, aujourd'hui, n'oserait proposer la destruction de la tour Eiffel. On sait qu'à son attrait touristique et emblématique s'ajoute une réelle utilité fonctionnelle : son phare pour les avions, ses antennes de télévision, son émetteur radio en modulations de fréquence et son centre d'étude météorologique en font le support des technologies de pointe. L'éclairage mis en place en 1986 cisèle la charpente comme un joyau et se double toutes les heures jusqu'à minuit, durant quelques minutes, du crépitement féerique de milliers d'étincelles.

Champ
de
Mars

En allant jusqu'au quai et en tournant à gauche, on parviendra aux stations Champ-de-Mars (RER) et Bir-Hakeim (métro).

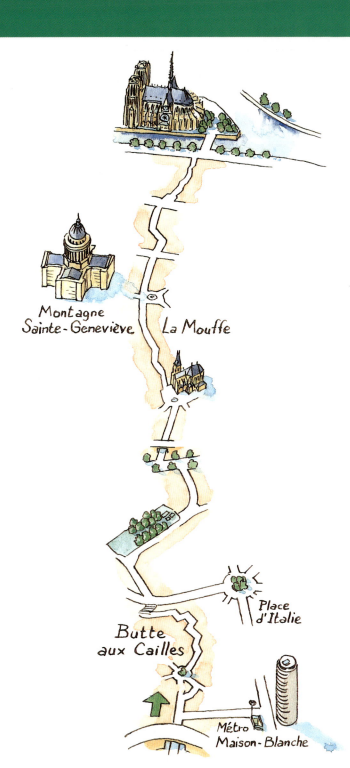

PROMENADE 4

DE LA BIÈVRE À LA SEINE

4,3 km

On pourrait appeler cette promenade : "à la recherche de la rivière perdue", puisqu'on ne voit plus jamais dans le paysage parisien cet affluent de la Seine. La Bièvre naît dans l'étang de Saint-Quentin-en-Yvelines et 40 km plus loin grossit le collecteur d'égout de la rive gauche sous le pont d'Austerlitz. En effet, depuis plus de cent ans, ses eaux chargées d'immondices ont disparu par tronçons successifs dans des canalisations enterrées. Sa présence est pourtant perceptible dans les quartiers qu'elle traversait : des tracés de rues, des noms de lieux ont un rapport direct avec elle. Les deux hauteurs qu'elle contourne, la Butte aux Cailles et la Montagne Sainte-Geneviève, dont nous arpenterons les dénivelés suivant de vieux chemins, sont parmi les plus pittoresques de Paris. Plus on s'approche du cœur de la ville, plus grande est la richesse historique des lieux.
Si l'on veut fuir la foule, il est préférable d'effectuer ce trajet l'après-midi ou le lundi, quand cesse le marché de la rue Mouffetard. Mais on se prive ainsi du spectacle animé si typique de cette rue. La promenade est un peu fatigante, mais les cafés ne manquent pas sur le parcours.

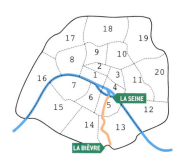

Aux remparts.

En contrebas du n° 47 du boulevard Kellermann, on se trouve à l'emplacement de la Poterne des Peupliers qui faisait partie des fortifications de Thiers. Le mur actuel en est un rare vestige, et c'est à travers une double arche, comme maintenant, que la Bièvre entrait dans Paris.

Médecins de quartier.

Beaucoup des rues du quartier honorent la mémoire de médecins dont le savoir et le dévouement furent secourables à la population ouvrière du secteur, plus décimée qu'une autre par les maladies du travail et de la misère.

DÉPART Poterne des Peupliers. Suivre la rue des Peupliers et tourner à droite dans la rue du Docteur Landouzy.

Comme ses voisines, elle est bordée d'un vaste lotissement de brique rouge datant d'une grande opération d'urbanisme social décidée dans les années trente pour faire oublier l'habitat désastreux qui sévissait là depuis longtemps. Le jardin d'enfants orné de sculptures à l'angle de la rue du Docteur Lecène témoigne du soin qu'on y apporta.

Tourner à gauche dans la rue du Docteur Leray.

Construites sur d'anciennes carrières, les maisons mitoyennes ne peuvent s'autoriser un poids excessif : un seul étage surmonté d'un curieux toit d'ardoise à becquet ; mais derrière leurs jardinets, ces façades ravalées en couleurs douces font plus penser à une coquette rue provinciale qu'à une artère parisienne.

On arrive place de l'Abbé Georges Henocque.

Si l'on parvient à oublier le carrousel de la circulation, on peut savourer le charme hétéroclite, mi-populaire mi-bourgeois, de cette place ronde : des pavillons construits au début du siècle, la façade bien ravalée du grand ensemble HBM datant de 1933, l'hôpital de la Croix-Rouge édifié depuis 1908 et, aux n°s 2-4, l'entrée de la Mutuelle des cheminots dont le fronton étonnant représente une locomotive à vapeur qui surgit de guirlandes fleuries.

Tourner à droite pour suivre le tronçon nord de la rue des Peupliers.

Elle est bordée à droite de pavillons de meulière assez vastes et plutôt tristes, tandis que plus haut, sur la gauche, de petits immeubles ou pavillons arts déco (en particulier aux n°s 6-6 bis) créent un paysage plus avenant. La confrontation de cet habitat résidentiel modeste, mais individualisé, avec le grand ensemble HBM qui fait l'angle de la rue Ernest et Henri Rousselle (n° 18) résume les aspirations populaires de l'époque.

On ose à peine signaler, au 72, rue du Moulin des Prés, le charmant square des Peupliers.

C'est une allée privée, coudée en triangle, bordée de charmants pavillons (1926) enfouis dans la verdure, dont il conviendrait de ne pas rompre le charme par des allées et venues trop bruyantes...

Traverser la rue de Tolbiac et continuer la rue du Moulin des Prés.

On chercherait vainement, vers le n° 65, des restes du moulin bordant la Bièvre auquel elle doit son nom. Seul reste possible, sur le tracé de la rivière enfouie, le rêve d'une campagne oubliée. Quant à la banalité des immeubles récents, elle paraît presque acceptable, comparée au bâti ancien qu'elle a remplacé et dont on voit les restes à l'angle de la rue du Moulinet. Au n° 45, on remarque pourtant, derrière la balustrade qui couronne un gros mur de soutènement, une maison bourgeoise massive en pierre et brique, enrichie de frises de céramique qui lui donnent un air cossu.

Un peu plus haut à gauche : la place Paul Verlaine. Monter les marches du square.

On domine, derrière soi, la piscine de la Butte aux Cailles, créée en 1924 pour compléter un bains-douches alimenté par un puits artésien depuis 1908. C'était alors une des sept piscines hiver-été de Paris.

À la sortie du square, prendre à gauche la rue de la Butte aux Cailles, qui est l'épine dorsale du quartier.

Le charme de cette rue et de ses voisines est réel, mais assez ambigu. Ainsi, au n° 1, une maison basse restaurée a gardé en pignon son enseigne "Lefèvre, fabrique de chaussures et galoches", mais derrière ses murs les ateliers ont fait place à des logements. Peu de voitures dans ces ruelles étroites, quasi piétonnes, où se tisse encore le soir une convivialité sans façons entre les riverains. L'éclairage nocturne y est dispensé généreusement par des réverbères à l'ancienne. Dans ce décor de village reconstitué, bistrots et restaurants attirent une

Monsieur et Madame Caille.

Les "Caille" de la Butte n'étaient pas de petits oiseaux mais des fermiers ou des meuniers établis ici qui ont laissé leur nom au quartier.

clientèle qui n'est plus vraiment prolétaire, sinon peut-être dans la nostalgie de grandes luttes finales. A coup d'enseignes telles que "Le Temps des cerises" (n° 16), "Le Merle moqueur" (n° 11) ou "La Folie en tête" (n° 33), le souvenir de la Commune, à travers la chanson de Jean-Baptiste Clément, est largement honoré et mis à profit. Mais il est bien vrai que le sang coula sur la Butte à la fin de la Commune. En mai 1871, les soldats fédérés y tinrent leur quartier général et tendirent des embuscades aux troupes versaillaises pour freiner leur avancée dans Paris et permettre aux communards de partir chercher refuge sur la rive droite.

Notre trajet va s'infléchir très vite, dès le n° 2 de la rue de la Butte aux Cailles. Depuis la rue du Moulin des Prés, et par l'itinéraire tortueux qui suit, nous retrouvons à peu près le tracé des seuls chemins qui sillonnaient la Butte au début du XVIIIᵉ siècle. Prendre plusieurs rues d'allure villageoise : la rue Simonnet, puis, à gauche, au bout, la rue Gérard et très vite, à droite, la rue Jonas. Celle-ci, à flanc de colline, aboutit à la rue Eugène Atget, qu'on descend jusqu'au boulevard Auguste Blanqui.

Cette voie-promenade récente, faite surtout d'escaliers qui dévalent le flanc nord de la Butte au milieu de talus joliment plantés et arborés, est vouée au souvenir du célèbre photographe du vieux Paris, et fait oublier les décors et les silhouettes de "cour des miracles" qui subsistaient ici quand son objectif en fixait l'image. Sans céder à une nostalgie systématique, on peut déplorer la muraille de béton des grands immeubles qui occultent la jolie vue qu'on pouvait avoir, du boulevard, sur la Butte.

Traverser le boulevard Auguste Blanqui et prendre en face la rue Corvisart, dernière pente au nord de la Butte aux Cailles.

Rue du Champ de l'Alouette.

C'était le nom de la rue Corvisart au XVIIIᵉ siècle, et un moulin à eau tournait à l'emplacement correspondant aujourd'hui à l'angle de la rue Croulebarbe sur la placette plantée de paulownias. On retrouve ici, en effet, le tracé du lit de la Bièvre qui contournait la Butte aux Cailles par l'ouest et se divisait en deux bras : la Bièvre vive le long de la rue Croulebarbe et la Bièvre morte de l'autre côté du square René Le Gall. L'un et l'autre sont comblés depuis plus de cent ans, mais à peine remblayés.

**"Per laborem
ad artem".**

("Par le travail, je deviens
artiste.")
Le 13ᵉ arrondissement a
emprunté sa devise aux
ouvriers des Gobelins qui
s'attachent, de génération
en génération, à perpétuer
la tradition d'excellence
de la Manufacture. Cette
manufacture, voulue par
Henri IV et développée par
Colbert, reste aujourd'hui
un lieu de création dont
la réputation a franchi
les frontières comme en
attestent de prestigieuses
commandes internationales.

**Entrer dans le square par la porte située au coin
de la rue Corvisart.**

Créé durant les années trente, il occupe en grande
partie la place d'anciens potagers attribués jadis aux
ouvriers de la Manufacture des Gobelins. On passe
par une aire de jeux pour les enfants, puis c'est une
partie boisée dont les ombrages rafraîchissants évoquent la végétation plus sauvage qui tapissait le creux
du vallon il y a moins de cent ans ; et l'on trouve enfin
un espace d'inspiration Renaissance avec pelouses
bordées de buis, obélisque central encadré de gloriettes
ornées de rosiers et de plantes grimpantes.

Clin d'œil aux décors baroques tels qu'en créait
Arcimboldo : les curieux visages et oiseaux composés
de galets enchâssés dans le béton des murs de bordure.
Le long des allées, on devine sur la droite les maisons
de la rue Croulebarbe, l'ancien chemin de berge.
L'une d'elles (n° 41) abritait, bien avant l'actuel restaurant, le Cabaret de la Mère Grégoire où, dit-on, des
célébrités comme Victor Hugo, Chateaubriand ou
La Fayette s'attablaient volontiers.

Un peu plus loin, au n° 33, la "tour n° 1" construite
en 1959. Sa structure de poteaux métalliques revêtus
d'inox, innovante à l'époque, a pris un air vieillot et
ses 21 étages paraissent timides à côté de réalisations
plus ambitieuses non loin de là.

**Sortir du square par les escaliers de droite. On est
dans la rue Berbier du Mets.**

Deux molosses de pierre gardent au n° 1 l'entrée du
Mobilier national, élégante colonnade en béton et
bâtiments bien déployés d'Auguste Perret (1936). Le
revêtement de gravillons beige rosé qu'affectionnait
l'architecte accroche doucement la lumière. C'est là
qu'est entreposé, entretenu et restauré tout le patrimoine mobilier et décoratif qui meuble palais natio-
naux, ministères et ambassades. Il s'enrichit toujours
d'objets nouveaux et l'on a dû après 1960 construire
de nouveaux ateliers (rampe au n° 1 bis).

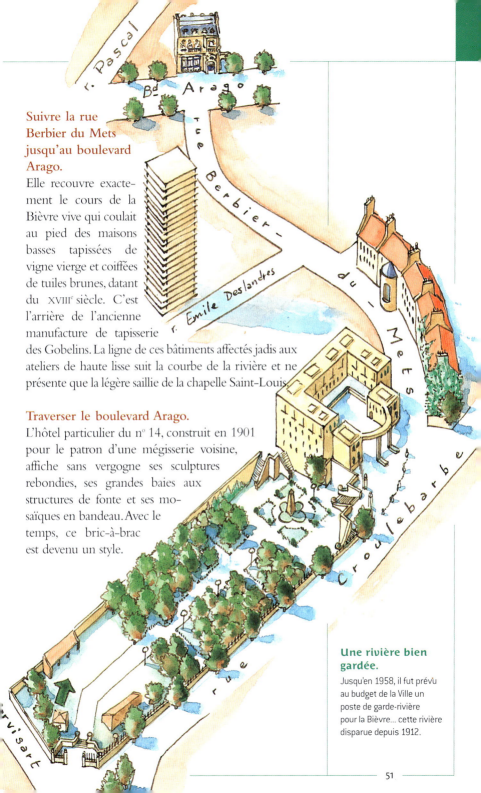

Suivre la rue Berbier du Mets jusqu'au boulevard Arago.

Elle recouvre exactement le cours de la Bièvre vive qui coulait au pied des maisons basses tapissées de vigne vierge et coiffées de tuiles brunes, datant du XVIIIe siècle. C'est l'arrière de l'ancienne manufacture de tapisserie des Gobelins. La ligne de ces bâtiments affectés jadis aux ateliers de haute lisse suit la courbe de la rivière et ne présente que la légère saillie de la chapelle Saint-Louis.

Traverser le boulevard Arago.

L'hôtel particulier du n° 14, construit en 1901 pour le patron d'une mégisserie voisine, affiche sans vergogne ses sculptures rebondies, ses grandes baies aux structures de fonte et ses mosaïques en bandeau. Avec le temps, ce bric-à-brac est devenu un style.

Une rivière bien gardée.

Jusqu'en 1958, il fut prévu au budget de la Ville un poste de garde-rivière pour la Bièvre... cette rivière disparue depuis 1912.

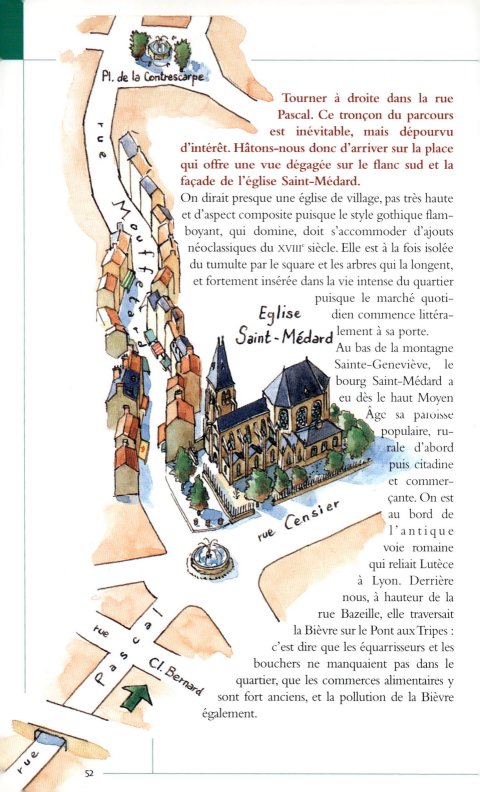

Tourner à droite dans la rue Pascal. Ce tronçon du parcours est inévitable, mais dépourvu d'intérêt. Hâtons-nous donc d'arriver sur la place qui offre une vue dégagée sur le flanc sud et la façade de l'église Saint-Médard.

On dirait presque une église de village, pas très haute et d'aspect composite puisque le style gothique flamboyant, qui domine, doit s'accommoder d'ajouts néoclassiques du XVIIIe siècle. Elle est à la fois isolée du tumulte par le square et les arbres qui la longent, et fortement insérée dans la vie intense du quartier puisque le marché quotidien commence littéralement à sa porte.

Au bas de la montagne Sainte-Geneviève, le bourg Saint-Médard a eu dès le haut Moyen Âge sa paroisse populaire, rurale d'abord puis citadine et commerçante. On est au bord de l'antique voie romaine qui reliait Lutèce à Lyon. Derrière nous, à hauteur de la rue Bazeille, elle traversait la Bièvre sur le Pont aux Tripes : c'est dire que les équarrisseurs et les bouchers ne manquaient pas dans le quartier, que les commerces alimentaires y sont fort anciens, et la pollution de la Bièvre également.

De la Bièvre à la Seine

À gauche de l'église, monter la rue Mouffetard. "La Mouffe", selon sa désignation familière, est une des plus anciennes, des plus populaires et des plus pittoresques rues de Paris, dont le nom n'a pas changé depuis le Moyen Age. Son tracé sinueux escalade le versant sud de la Montagne Sainte-Geneviève en suivant un ancien chemin gaulois dont les Romains avaient fait la route de Lyon. Même si les récentes rénovations ont donné un aspect pimpant un peu factice à ses vieilles maisons de construction modeste, elles les ont sauvées du délabrement définitif, et l'on a pu préserver l'aspect villageois de sa chaussée envahie par les clients et les flâneurs. On est très vite happé par l'ambiance colorée, odorante et sonore du marché quotidien. Mais plus on monte, plus on trouve de boutiques non alimentaires et de bistrots et restaurants. Il y a toujours eu ici des cabarets où se désaltérer après une rude montée ; beaucoup sont convertis maintenant en tavernes grecques et pizzerias. Le promeneur ne saurait pourtant s'en tenir au seul spectacle de la rue : son pittoresque tient aussi aux façades des maisons bâties aux XVIIe et XVIIIe siècles – bien souvent sur des fondations médiévales. Il faut donc aussi lever les yeux sur porches, balcons et pignons. En face de l'église, un étonnant décor des années vingt habille toute la façade de l'ancienne charcuterie Facchetti (n° 134) : quatre scènes rustiques à l'entresol et surtout un foisonnement extraordinaire de gibier et de végétaux, dans des tons ocre inspirés de la Renaissance. Chemin faisant, on repérera les quelques enseignes qui subsistent encore, parmi les dizaines qui désignaient tous les commerces, en particulier "A la bonne source" (n° 122) pour un marchand de vin, "Au vieux chêne" (n° 69) en bois sculpté, ou encore "Au nègre joyeux" destinée à un marchand de chocolat du XVIIIe siècle, sans rapport avec la banale supérette du n° 12.

D'où viens-tu Mouffetard ?

L'origine du nom de la rue Mouffetard est disputée. Doit-on y voir l'altération de "Mont-Cétard", lui-même découlant de la présence, de l'autre côté de la Bièvre, de la petite colline baptisée "Montus Cetardus" durant l'époque romaine ? Ou alors, le nom serait-il formé sur celui de "Moffettes", rappelant les effluves putrides émanant de la Bièvre ?

La Colline inspirée.

Sur la montagne Sainte-Geneviève se trouvèrent concentrées pendant des siècles les recherches vives et les richesses de l'intelligence, du savoir et de la foi religieuse. Beaucoup de traces de ce rayonnement exceptionnel sont malheureusement effacées. Dès le XIIIe siècle, les collèges s'installèrent sur les pentes de la montagne : l'un d'entre eux, fondé par Robert de Sorbon en 1250, connaîtra une belle postérité puisqu'il deviendra la Sorbonne, la plus célèbre des universités parisiennes.

L'arbre bleu.

Sur le mur de retour du n° 40, à côté du somptueux arbre bleu peint par Alechinsky, le poète Yves Bonnefoy nous invite :

Passant,
regarde ce grand arbre
et à travers lui
Il peut suffire. [....]

S'arrêter place de la Contrescarpe.

Pittoresque et toujours animée, elle doit son aspect actuel à la destruction au XIXe siècle d'un îlot insalubre à l'emplacement de la fontaine centrale. On lit au n° 1 une inscription "Maison de la Pomme de pin" qui rappelle le cabaret célébré par Rabelais, et fréquenté par les jeunes poètes de la Pléiade (en fait, il était en face, au coin de la rue Blainville).

Continuer, au-delà de la place, la rue Mouffetard prolongée par la rue Descartes.

A partir de là, le pittoresque subsiste, mais moins dense. Le carrefour de la rue Thouin correspond à l'ancienne porte Bordelles du rempart de Philippe Auguste : c'était donc ici que passait l'essentiel du trafic entre Paris et Lyon, et jusqu'à l'Italie.

Au n° 39 une plaque signale la maison mortuaire du poète Paul Verlaine. Il est mort en 1896, un an trop tôt pour voir achevé le bel immeuble des n°s 29-33. Un coquet immeuble moderne (1989), au n° 25, porte sur une plaque le souvenir du cabaret à l'enseigne du Roi Clovis, très fréquenté au XIXe siècle, où complotèrent les fameux Quatre sergents de La Rochelle.

Traverser la rue Clovis et s'arrêter à l'angle du n° 21.

En diagonale, dominant les bâtiments réhabilités du lycée Henri IV, la tour Clovis, ancien clocher (sans sa flèche) et seul vestige de la chapelle abbatiale de Sainte-Geneviève dont la nef se situait sur l'emplacement de la rue Clovis. Haut lieu spirituel et politique au Moyen Age, l'abbaye avait été fondée par Clovis. On y vénérait les reliques de sainte Geneviève inhumée ici. Derrière la tour se profile une partie de la silhouette massive du Panthéon, construit au XVIIIe siècle pour être une nouvelle église Sainte-Geneviève, plus digne de la sainte patronne de Paris et des cérémonies en son honneur.

En face, au n° 30, le presbytère de Saint-Étienne-du-Mont n'est autre que la demeure très élégante

Un rempart médiéval.
A la hauteur du n° 3 de la rue Clovis, un fragment de l'imposante enceinte construite par Philippe Auguste est encore visible.

construite pour le duc d'Orléans, fils du Régent, qui voulut vivre à l'écart des dépravations de la Cour. Le bâtiment ministériel qu'on voit derrière les grilles et la cour austère du n° 21 est l'ancien hôtel du général commandant de l'École polytechnique ; l'ordonnance est stricte, comme il sied au domaine militaire.

Descendre la rue Descartes, puis la rue de la Montagne Sainte-Geneviève.
À gauche, la rue Saint-Étienne du Mont offre une agréable enfilade de vieilles maisons bien conservées et une vue sur le flanc nord et le clocher de l'église, admirable, où se mêlent les prouesses architecturales du gothique flamboyant et l'ornementation de la Renaissance. A droite, c'est la raideur des murs de l'École polytechnique, transférée à Palaiseau depuis 1977, la noblesse de sa cour d'honneur entrevue à travers le portique de bordure, et au n° 5 son porche d'entrée solennel.

Le n° 34 avec son porche au cintre superbe mérite un arrêt ; le club sportif de la cour suscite assez d'allées et venues pour qu'on ait la chance d'y pénétrer : c'est une merveille de vieilles maisons, de vigne vierge, d'arbustes et de fleurs.

La rue de Bièvre.

"Cette rue contient, aujourd'hui, les plus épouvantables râteliers que Paris possède, des pensions alimentaires où l'on se repaît pour quatre sous. C'est là que toutes les bidoches avariées, que toutes les charcuteries condamnées des Halles échouent... Le matin, vers six heures, l'on rapporte les viandes mortes et qui veulent revivre. Elles sont vertes et noires. On les épluche, on les sale, on les poivre, on les trempe dans le vinaigre, on les pend pendant quarante-huit heures dans un fond de cour, puis on les accommode et on les sert."

Joris-Karl Huysmans,
La Bièvre
et Saint-Séverin,
1890.

Traverser la rue des Écoles et descendre jusqu'à la place Maubert.
Le dénivelé est suffisant pour qu'on puisse admirer au-dessus des toits la flèche de Notre-Dame. En bas à gauche, un bâtiment massif au soubassement de marbre gris et ocre abrite le centre de police du 5ᵉ arrondissement et le musée d'histoire de la Préfecture de police. Son emprise au sol est celle de l'ancien marché des Carmes qui lui-même avait été construit sur le cloître du vieux couvent des Carmes.

Traverser la rue Monge et le boulevard Saint-Germain, et prendre la rue de Bièvre.
Il ne s'agit pas ici de la Bièvre elle-même, mais d'un canal de dérivation aménagé au XIIᵉ siècle pour irriguer les cultures de l'abbaye Saint-Victor, après quoi il se jetait dans la Seine à hauteur du pont de l'Archevêché. Le sentier qui le bordait est devenu cent ans plus tard une rue bâtie qui, depuis, n'a pas changé de nom. Dante y aurait habité. Son charme réel tient en partie à son architecture très homogène du milieu du XVIIᵉ siècle. Tout y tombait en décrépitude au XIXᵉ siècle mais vers les années cinquante, le goût des vieilles pierres et la spéculation immobilière favorisèrent les restaurations intelligentes dont on voit le résultat. Cette rue retrouvée est devenue une adresse d'autant plus flatteuse que François Mitterrand y avait son domicile au n° 22. Tout est propre et tranquille : la surveillance passée de la rue a dissuadé sans doute toute agitation. Aurait-elle pu empêcher la marquise de Brinvilliers et ses complices de tramer les agissements criminels de l'Affaire des Poisons dans le bel hôtel particulier du n° 28 ? Jouxtant le n° 22, une languette de terrain est devenue depuis 1978 un

De la Bièvre à la Seine

jardin public, l'un des plus petits de Paris (370 m^2). Ça et là, quelques détails mis en valeur rappellent un passé moins aseptisé que le décor actuel : la vieille inscription au n° 25, "Fabrique de chandelles", la statuette de saint Michel au n° 14, souvenir d'un prestigieux collège du même nom, ou encore le crochet en queue de cochon au n° 1 pour attacher les chevaux. Quant au n° 1 bis, c'est un décor à remonter le temps : un mur aux jolis balcons de fer forgé s'ouvre comme un praticable de théâtre sur une maison à colombages sûrement plus ancienne, avec de larges fenêtres pour éclairer des ateliers de fabriques.
La mise en scène de ces strates de vie, au moment où la promenade s'achève sur les quais de la Seine, là où les dernières eaux venues de la Bièvre se perdaient dans le fleuve, n'est-elle pas emblématique de tout notre parcours ?

Un quai neuf.
À la différence de son voisin, plus ancien, de la Tournelle, le quai de Montebello n'a été construit qu'en 1840. Il remplace une annexe de l'Hôtel-Dieu qui donnait directement sur le fleuve.

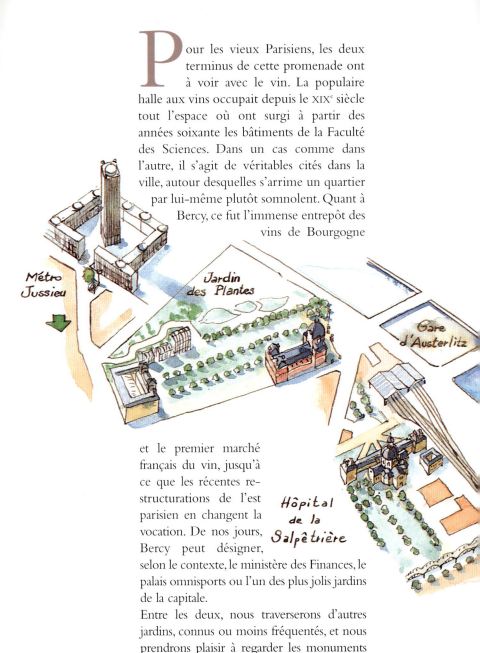

Pour les vieux Parisiens, les deux terminus de cette promenade ont à voir avec le vin. La populaire halle aux vins occupait depuis le XIXe siècle tout l'espace où ont surgi à partir des années soixante les bâtiments de la Faculté des Sciences. Dans un cas comme dans l'autre, il s'agit de véritables cités dans la ville, autour desquelles s'arrime un quartier par lui-même plutôt somnolent. Quant à Bercy, ce fut l'immense entrepôt des vins de Bourgogne et le premier marché français du vin, jusqu'à ce que les récentes restructurations de l'est parisien en changent la vocation. De nos jours, Bercy peut désigner, selon le contexte, le ministère des Finances, le palais omnisports ou l'un des plus jolis jardins de la capitale.

Entre les deux, nous traverserons d'autres jardins, connus ou moins fréquentés, et nous prendrons plaisir à regarder les monuments d'un Paris nouveau.

PROMENADE 5

DE JUSSIEU À BERCY

4,5 km

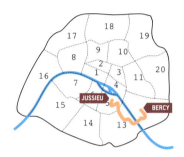

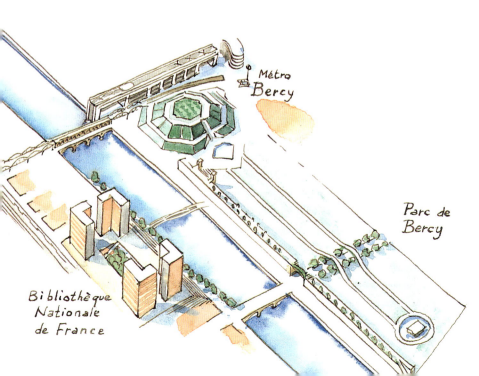

DÉPART place Jussieu.

L'aspect convivial du terre-plein ombragé contraste avec la froideur des bâtiments universitaires construits dans les années 1960 par l'architecte Albert. Leur masse sévère, écrasée par la tour Zamansky, haute de 85 m, ferait presque regretter les hangars alignés de l'ancienne halle aux vins…

Prendre la rue Linné, à gauche.

L'immeuble du n° 24, qui fait l'angle de la place, présente une étonnante façade néo-Renaissance où foisonnent les décors en stuc. Plus loin, à l'angle de la rue Cuvier, la fontaine du même nom édifiée depuis 1840 rend hommage au "père" de la paléontologie.

Entrer, en face, dans le Jardin des Plantes et prendre l'allée à gauche qui contourne la butte. Elle conduit à l'espace découvert où se dresse le pavillon administratif. Prendre l'allée qui le longe sur la droite.

Il est frustrant de définir un trajet précis dans ce jardin multiple, un des plus anciens de Paris, où tout invite à l'intérêt curieux ou à la flânerie d'agrément. Jardin alpin, serres tropicales, végétaux de l'École de Botanique sont aussi bien soignés que les arbres

---

Un crocodile contorsionniste.

La fontaine Cuvier honorant le célèbre zoologue part d'une bonne intention, mais un détail de l'allégorie de la Science entourée d'animaux aurait néanmoins de quoi indigner le savant : un crocodile ne peut pas tourner la tête à 180° comme celui qui est figuré ici !

rares et vénérables acclimatés ici il y a plus de deux siècles par Buffon ou par les frères Jussieu. Le labyrinthe où tant de couples, jadis, aimaient à s'égarer, la ménagerie, très populaire auprès des petits et des grands enfants, les statues d'ornement, les allées ombragées et les magnifiques parterres fleuris sont autant d'attraits qui mériteraient une visite, plus qu'un parcours de traversée.

Prendre à droite l'allée fléchée qui mène à la serre tropicale. On voit sur la gauche le jardin alpin, puis à droite le pignon de la grande serre chaude aux immenses bananiers. Gagner le jardin à la française.

En période de floraison, c'est une explosion de couleurs mêlées avec art, en particulier à la saison des dahlias, cannas et pélargoniums. Au bout de la perspective, à droite : la longue galerie de zoologie. La grande nef métallique abrite depuis 1994 la mise en scène très réussie du musée de l'Évolution.

Gagner la sortie, place Valhubert. Tourner à droite dans le boulevard de l'Hôpital. Sur le trottoir de gauche, on longe la cour d'arrivée de la gare d'Austerlitz puis le square Marie Curie.

Le Jardin des Plantes.

Créé et ouvert au public sous Louis XIII, le Jardin royal des herbes médicinales se doublait d'un établissement d'enseignement sur les vertus des simples, au grand dam de la faculté de médecine. Il ne cessa de s'agrandir, de s'adjoindre des serres, un amphithéâtre de chimie. Mais il doit à Buffon, son intendant de 1739 à 1788, d'avoir conquis les terrains jusqu'à la Seine (il occupe 28 hectares), de s'être ouvert à l'étude des règnes animal et minéral, et d'avoir accueilli les plus grands savants naturalistes de l'époque. La Convention n'avait plus qu'à l'instituer Muséum national d'histoire naturelle en 1793 pour qu'il parvienne jusqu'à nous.

Passé le porche de l'hôpital de la Salpêtrière (n° 47), on se trouve dans un large jardin à la française au fond duquel se déploie une très longue façade classique dont le centre est dominé par la chapelle Saint-Louis.

Entrer dans la chapelle. Sur une idée de Le Vau (1670), Bruant organisa l'espace en croix grecque avec quatre nefs principales séparées par quatre autres plus petites, et l'autel à la croisée des axes, visible de tous les assistants. L'ensemble est superbe, malgré sa vétusté. Sa situation centrale en fait aussi un raccourci entre les cours de l'hôpital.

Sortir par la chapelle de gauche ; dans la cour, passer sous le porche percé dans le bâtiment de droite. On débouche dans la cour Sainte-Claire. Se diriger vers son côté gauche occupé par la Division Saint-Vincent de Paul.

Prévention. La disposition particulière de la chapelle Saint-Louis répondait à une nécessité prophylactique : il s'agissait d'isoler les uns des autres les divers groupes de malades et les bien portants.

Ce nom secourable concerne de vieux locaux très mal entretenus, datant de 1684 et de sinistre mémoire. Ce sont en fait les bâtiments de la Force où l'on enfermait les filles débauchées ou criminelles avant de les déporter en Louisiane ou au Canada pour peupler ces colonies.

Longer le mur gauche de la Force et tourner à droite.
Un bâtiment bas coudé à angle droit aligne ses mansardes régulières ; c'était le logement des archers qui devaient ramasser en ville les femmes à enfermer.
L'espace s'élargit et l'on a en face de soi un beau pavillon en pierre de taille, vestige de l'ancien arsenal. Le longer sur la droite et, quelques mètres après un square réservé aux enfants, monter à droite un petit escalier en ciment. On arrive dans l'allée des Petites Loges.
Sur la gauche, l'allée des Étoffes est bordée d'une ligne de trois maisons basses avec un petit préau, restaurées il y a peu. C'est tout ce qui reste du quartier construit avant la Révolution où étaient reléguées les folles furieuses. On avait cru bien faire : chaque étroite cellule a sa porte et sa fenêtre ainsi qu'un petit banc, scellé, auquel on enchaînait les malheureuses pendant qu'elles prenaient l'air.

Revenir dans l'allée des Petites Loges et la suivre jusqu'à l'allée de l'Hôpital Général où l'on tourne à gauche et qu'on suit jusqu'à la sortie, boulevard Vincent Auriol.
Entre-temps, on aura vu l'amphithéâtre et la Bibliothèque de Charcot, qui inventa les premières thérapies ni répressives, ni carcérales, pour les maladies nerveuses.

Enfermer les pauvres.
La Salpêtrière est construite dans le style austère et majestueux de l'architecte Bruant qu'il manifeste encore, à peine plus tard, aux Invalides. Ces constructions furent ordonnées en 1656 par Louis XIV pour être "l'hôpital général pour le renfermement des pauvres" ; elles prirent la place d'un ancien arsenal où l'on produisait de la poudre à canon (à base de salpêtre, d'où son nom). Divers architectes, et non des moindres, apportèrent aussi leur contribution pendant les vingt ans que dura le chantier. Actuellement des bâtiments ultérieurs, des adjonctions et des appendices ôtent au plus grand ensemble hospitalier de Paris la beauté qu'on aurait pu lui préserver. L'élégance fonctionnelle du bâtiment Babinski, près de la sortie, n'en est que plus remarquable.

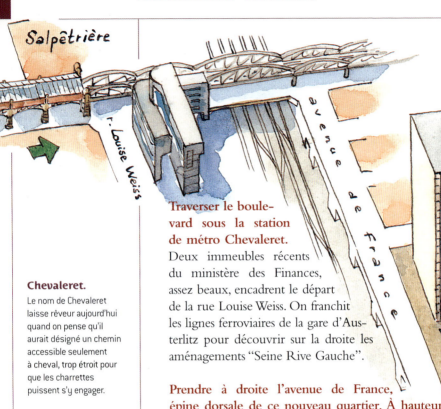

Chevaleret.

Le nom de Chevaleret laisse rêveur aujourd'hui quand on pense qu'il aurait désigné un chemin accessible seulement à cheval, trop étroit pour que les charrettes puissent s'y engager.

Traverser le boulevard sous la station de métro Chevaleret. Deux immeubles récents du ministère des Finances, assez beaux, encadrent le départ de la rue Louise Weiss. On franchit les lignes ferroviaires de la gare d'Austerlitz pour découvrir sur la droite les aménagements "Seine Rive Gauche".

Prendre à droite l'avenue de France, épine dorsale de ce nouveau quartier. À hauteur de la Bibliothèque nationale, prendre à gauche les volées d'escalier qui donnent sur la rue Raymond Aron pour accéder à l'esplanade.

Ce secteur présente un urbanisme encore inachevé, d'où émergent les quatre tours altières de la Bibliothèque nationale de France, campées sur leur vaste parvis par l'architecte Dominique Perrault. Si l'on s'avance jusqu'au parapet qui ceinture la fosse du jardin central, on a une belle vue d'ensemble sur les pins, chênes et bouleaux qui s'y dressent au-dessus d'un sol tapissé de plantes vivaces. En puissantes vigies : les quatre tours-silos du savoir, tours des Lois, des Temps, des Lettres et des Nombres. Pour peu que l'on oublie des choix fonctionnels contestables et coûteux, le tout donne une rare impression de simplicité et de grandeur. C'est peut-être le dernier temple du livre que bâtit notre civilisation.

De Jussieu à Bercy

Admirer l'élégante passerelle Simone de Beauvoir et descendre les escaliers qui bordent l'esplanade sur le quai François Mauriac, traverser le quai et prendre en contrebas, vers la droite, l'allée Arthur Rimbaud. Cette promenade aménagée près du fleuve offre un panorama reposant sur la Seine. On tourne le dos aux quarante arches du pont de Bercy, conçues par Formigé en 1906 pour supporter la ligne de métro, et on suit la berge jusqu'au pont de Tolbiac, dont la notoriété doit beaucoup à Léo Malet.

Au sud...
"Au sud, de petites auberges, de petits commerces pour mariniers, dans des maisons presque aussi basses que celles des pêcheurs au pays des tempêtes, alternaient avec de grandes cheminées et des façades plâtreuses d'usines."

Jules Romains,
Les Hommes de bonne volonté,
1932-1946

Traverser la Seine sur le pont de Tolbiac et s'engager dans la rue Joseph Kessel qui le prolonge. Très vite, sur la droite, on accède au "Jardin romantique" du parc de Bercy.

Les 13 hectares du parc sont assez abrités de la fièvre bruyante de la voie Georges Pompidou grâce à la grande terrasse plantée de tilleuls qui la surplombe. L'allée qui serpente autour du plan d'eau nous guide naturellement autour de la Maison du Lac (une maison des anciens entrepôts, bien restaurée). On passe devant une puissante sculpture d'Étienne Martin, un petit belvédère tapissé de verdure et une ruine reconstituée dans le "Jardin des Philosophes", à partir d'arches de pierre provenant de l'ancien marché Saint-Germain.

Prendre l'un des deux escaliers-passerelles qui enjambent la rue Joseph Kessel et conduisent dans l'autre partie du parc.

Pour le plus grand plaisir des promeneurs, le parc déploie de nouveaux agréments : un verger, un potager, une roseraie, une vaste pergola avec des treilles et des massifs de plantes aromatiques vivaces. On a gardé quelques pans de mur (il faut toujours des ruines dans un parc) de l'ancien château de Bercy qui préexistait aux entrepôts de vin. Ceux-ci, aménagés au XIXe siècle près de la Seine et juste avant l'octroi de Paris, déclinèrent quand le chemin de fer se généralisa. Restent de larges allées orthogonales, quelques bâtiments réaménagés comme la "maison du jardinage" au centre des parterres et, surtout, les grands platanes centenaires qui protégeaient les chais du soleil et donnent dès maintenant au jardin un ombrage d'une belle densité.

La vocation ludique du lieu s'affirme quand on avance : le jardin se fait prairie, pour le jeu ou le repos. A droite se dresse l'architecture − ludique elle aussi − conçue par Franck Gehry pour l'American Center. Il abrite maintenant la Cinémathèque française. L'imposante pyramide tronquée du palais omnisports ferme la perspective du parc avec ses talus engazonnés pentus à 45° et ses quatre poteaux en béton qui supportent la charpente métallique.

Aux entrepôts.

C'est dès le XVIIe siècle qu'on déchargea à Bercy les tonneaux venus de Bourgogne et des pays de Loire par bateaux. Mais la vente y resta interdite avant 1801. Un peu plus tard, le maire de Bercy transforma un vaste domaine en une zone de stockage qui finit par couvrir plus de 40 hectares, du boulevard de Bercy au boulevard extérieur.

De Jussieu à Bercy

Il suffit d'obliquer vers la droite pour trouver la station de métro Bercy, terme de la promenade.

On ne s'y engouffrera pas sans avoir prêté attention à la façade étagée du ministère des Finances (1988), grand paquebot percé d'ouvertures comme les arches d'un pont : l'une enjambe la rue de Bercy tandis que l'autre franchit le quai et s'appuie sur la pile géante qui plonge dans la Seine. S'il n'y a plus d'octroi à l'entrée de la capitale, l'architecte Chemetov a cependant fait de la citadelle des Finances la porte monumentale de l'est de Paris.

vers Métro Bercy

ex. American Center

Parc de Bercy

r. J. Kessel

Tolbiac

Jardin Romantique

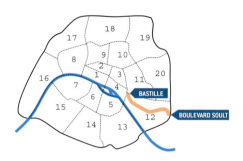
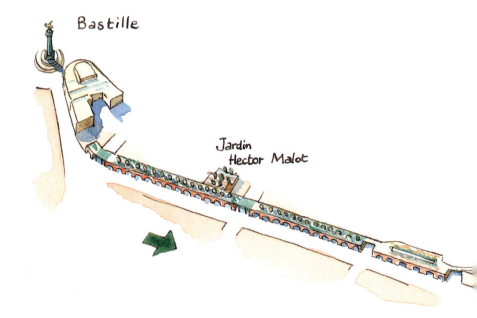

PROMENADE 6

LA PROMENADE PLANTÉE

3,5 km

Si, à partir des années cinquante, au nom d'une urbanisation galopante, Paris a revêtu les couleurs de la pierre et du béton, les années quatre-vingt ont donné le signal d'un retour au végétal. De nombreux projets sont alors sortis des cartons de paysagistes et d'architectes de talent, qui ont habillé de vert, souvent avec bonheur, nombre de sites voués autrefois à l'industrie ou au commerce – il n'est que de citer le parc de Bercy, transformation heureuse d'une partie des anciens entrepôts à vin, le parc André Citroën installé sur les usines de la célèbre marque aux chevrons ou encore le parc Georges Brassens, né à la place des abattoirs de Vaugirard.
La Promenade plantée est une autre de ces réhabilitations réussies qui, de la Bastille au "périph" et dans l'avenir, en principe, jusqu'au bois de Vincennes, offre à cette partie est de Paris un "poumon vert", bienvenu dans un quartier au bâti particulièrement dense.

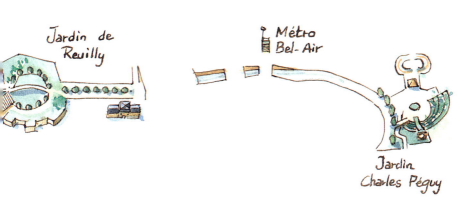
Jardin de Reuilly — Métro Bel-Air — Jardin Charles Péguy

DÉPART place de la Bastille. Prendre la rue de Lyon qui longe l'Opéra pour rejoindre le début de l'avenue Daumesnil.

La Promenade plantée a exploité au maximum les infrastructures ferroviaires dépendant de la gare de la Bastille. Ainsi la première partie de la promenade se déroule-t-elle sur l'ancien viaduc, restauré et transformé en "viaduc des arts", abritant des boutiques de création et d'artisanat.

Emprunter l'escalier situé avant l'avenue Ledru-Rollin.

Ici, par endroits, la promenade ne fait que 9 mètres de large ! Un premier pont permet d'enjamber l'avenue Ledru-Rollin. Remarquer, sur la gauche, la façade de

Place de la Bastille

rue de Lyon

Rollin

av. Ledru

avenue

De la gare à l'Opéra.

L'Opéra-Bastille a été construit sur l'emplacement de l'ancienne gare de chemin de fer de la Bastille. Ouverte en 1859, la ligne desservait la banlieue est de Paris, et nombreux étaient les Parisiens qui l'empruntaient pour se rendre au bois de Vincennes ou sur les bords de Marne. Elle fut désaffectée en 1969.

l'église Saint-Antoine des Quinze-Vingts, construite dans un style romano-byzantin.

Le viaduc enjambe ensuite la rue Traversière. Jusqu'en 1898 se trouvait ici la prison Mazas, implantée entre les rues Traversière et de Lyon, le boulevard Diderot, la rue Legraverend et l'avenue Daumesnil. Elle fut détruite en prévision de l'Exposition universelle de 1900, pour éviter la mauvaise impression qu'auraient eue les visiteurs, arrivant par la gare de Lyon. Plus loin, sur la gauche, trois immeubles HBM (1921), d'inspiration flamande, sont couronnés par des pignons à redents. Leur façade en pierre meulière et briques s'harmonise avec les voûtes du viaduc.

La Promenade plantée

Quelques mètres plus loin, un escalier, sur la gauche, descend dans le jardin Hector Malot (1995), constitué de deux terrasses. La première est plantée d'érables du Canada, qui virent au rouge à l'automne, répondant ainsi au rouge des briques du sol. On voit parfois fonctionner le dispositif de canaux et de fontaines dont l'eau, arrosant une épaisse bambouseraie, tombe en cascade sur la seconde terrasse. On remarquera dans celle-ci, sur la partie gauche de l'allée, les pots plantés de buis, entre lesquels ont été placés des hydrangéas à feuilles de chêne, une variété d'hortensias. Cette allée mène, au fond du jardin, à des pins pleureurs de l'Himalaya. On trouve aussi de l'oranger du Mexique et de la lavande, qui, aux beaux jours, embaument tout le jardin.

Reprendre l'escalier pour retourner sur le viaduc.

On arrive au niveau du boulevard Diderot, que l'on traverse sur une nouvelle passerelle. Plus loin, sur l'avenue Daumesnil, un immeuble (1991) abritant un hôtel de police ne peut manquer d'attirer les regards. Ce bâtiment de six niveaux, aux larges baies, se signale surtout par les deux derniers étages en terrasse : quatorze atlantes identiques, en résine, répliques de *L'Esclave mourant*, sculpture de Michel-Ange

Buissons et pergolas.

Au fil de sa promenade sur le viaduc, l'amateur de plantes pourra s'amuser à repérer plusieurs sortes de buissons arbustifs – éléagnus, milleperthuis, laurier-cerise, viorne-tin... On trouve aussi de l'abélia, qui se couvre, au printemps de jolies fleurs roses, mais aussi plusieurs orangers du Mexique, très odorants, du forsythia, toujours le premier à fleurir, ou encore du berberis que l'on reconnaît à ses piquants acérés.

Les bacs ont été plantés de tilleuls et de cerisiers, au pied desquels embaume la lavande. Enfin, on passe sous plusieurs pergolas sur lesquelles grimpent des rosiers.

Jardin Hector-Malot

Diderot

Bd Daumesnil

rue de Rambouillet

(conservée au Louvre), scandent les fenêtres à intervalles réguliers. L'effet est saisissant et spectaculaire.

Ici, à l'angle de la rue Rambouillet, se termine le viaduc des art. Il est relayé par une nouvelle passerelle.

Une mairie sous influences.

Du jardin de Reuilly, on peut détailler à loisir la mairie du 12e. Elle fut construite en 1876 par l'architecte Antoine-Julien Hénard, qui s'inspira de modèles antérieurs.
La façade, très ornée, pastiche les styles Renaissance – avec ses bossages, ses colonnes, ses fenêtres à meneaux – et Louis XIII par son alternance de pierre blanche et de briques.
Les statues d'un ébéniste et d'un vigneron évoquent les activités qui faisaient vivre l'arrondissement au XIXe siècle.
Le campanile domine l'ensemble de ses 36 mètres de haut.

Enjamber la rue de Rambouillet.

Passer entre les deux immeubles de logements construits par l'architecte Mitrofanoff en 1995. Leur terrasse constitue le prolongement de la promenade. Elle est agrémentée de bassins, limités de part et d'autre par une petite charmille et des arbustes buissonnants – lonicéra et mitida.

Passer au-dessus de la rue de Charenton. On arrive au jardin de Reuilly, rue Jacques Hillairet.

Un cadran solaire géant, posé sur le sol, marque l'entrée de ce jardin, inauguré en 1992. Le quartier de Reuilly a fait l'objet d'importants réaménagements et ce jardin, grand ouvert sur les immeubles alentour, offre à leurs habitants un havre de verdure de 15 000 m². Tout de suite à droite, remarquer les petites terrasses couvertes de plantes arbustives, qui déclinent toutes les nuances de vert.

En continuant, on trouve sur la droite un des accès au jardin, que nous n'emprunterons pas. Il mène à une allée bordée de statues, datant des années vingt aux années cinquante et provenant de différents lieux, qui ont été réinstallées ici. Au bout de cette allée se trouvent plusieurs terrasses de pommiers à fleurs, très décoratifs au printemps, dominant l'avenue Daumesnil.

Depuis la grande passerelle, on appréhende bien l'architecture du jardin, articulé autour d'une vaste pelouse circulaire, libre d'accès. Plusieurs jardins thématiques ont été créés : sur la gauche, un jardin aquatique, dans le prolongement de la "grotte" construite en partie sous la grande place par laquelle nous sommes arrivés. On peut aussi reconnaître, à main droite, un jardin de plantes grasses, un autre de plantes de terre de bruyère, un jardin de fougères, une petite bambouseraie… Libre à chacun de se promener à sa guise dans ces différents espaces.

Sortir du jardin de Reuilly et continuer, tout droit, dans l'allée Vivaldi.
Pour la première fois depuis le début de la promenade, on se trouve au niveau du sol. Ce mail, agrémenté de tilleuls, mène à un premier tunnel, qu'empruntait autrefois le train Bastille-Vincennes. Mais auparavant, on passe devant l'ancienne gare de Reuilly. Ce bâtiment en pierre de taille, constitué d'un pavillon central flanqué de deux ailes et dont l'entrée principale se trouve à l'opposé de l'allée Vivaldi, sur l'avenue Daumesnil, constitue un exemple typique de ces nombreuses petites gares qui fleurirent aux confins de Paris à la fin du XIXe siècle, et dont il ne reste que peu d'exemplaires aujourd'hui. Un nouveau jardin, appelé tout simplement jardin de la gare de Reuilly, a été créé de part et d'autre du bâtiment. Côté allée Vivaldi/rue Brahms, un large massif mélangeant arbustes (lilas, viornes) et plantes vivaces (iris, rhubarbe, géraniums) se remarque de loin, tandis que plusieurs arbres, dont certains sont à signaler – un érable, un beau figuier, un immense libocèdre (de la famille des conifères) –, mais aussi des espèces plus communes, chênes, pommiers, cytises ou noisetiers se partagent la pelouse.

La gare de Reuilly.
Ouverte en mars 1877, la gare de Reuilly était la première station sur la ligne de la Bastille. Accueillant les passagers – plus de 150 000 la première année –, Reuilly était surtout une gare de marchandises : on déchargeait ici bois, pierre, verre, charbon… pour les ateliers du Faubourg.

Ancienne Gare de Reuilly

Tunnel

PARIS BUISSONNIER • PROMENADE 6

En voiture !

Les trains partant de la Bastille étaient composés de voitures à étage que les passagers du XIXe siècle appelaient familièrement les "Bidel" – du nom d'un fameux dompteur – tant leurs fenêtres grillagées évoquaient les cages réservées aux animaux féroces. Les chemins de fer savaient, déjà, prendre soin de leur clientèle !

Poursuivre l'allée Vivaldi et passer sous le tunnel.
Ici débute la piste cyclable, parallèle au parcours réservé aux piétons. Après ce premier tunnel, décoré de rocailles, on débouche à sept mètres en-dessous du niveau du sol : cette partie de la promenade, d'une longueur de sept cents mètres environ, a été aménagée au fond de la tranchée SNCF où s'engouffrait autrefois le train. Juste après le tunnel a été plantée une charmille formant un petit labyrinthe de verdure (on peut monter au sommet du belvédère construit quelques mètres plus loin, pour en avoir une vue plongeante). Sur le talus, les espèces qui avaient poussé à l'état sauvage ont été respectées : on trouve des frênes, des robinias, des chênes, noisetiers, érables, prunus, etc. On parvient ainsi à l'entrée d'un deuxième tunnel, où un escalier permet de déboucher, "en haut, dans la ville", rue de Picpus, le troisième, lui, donnant accès au boulevard de Picpus, le long du métro aérien. Mais l'itinéraire ne se termine pas là, il s'en faut encore de quelques bonnes centaines de mètres ! On remonte en pente douce jusqu'au niveau du sol, après le troisième et dernier tunnel. A la sortie de ce tunnel se trouve une structure métallique signée M. Zuber. La promenade se transforme à nouveau en mail planté de tilleuls et de catalpas, longé à gauche par la rue du Sahel.

1er Tunnel

Emprunter la petite porte de square située à main droite, 150 mètres environ après la sortie du tunnel, et monter l'escalier à droite.
En suivant l'allée bitumée bordée de catalpas, de rosiers et de lauriers-cerises, on parvient à l'une des entrées du jardin Charles Péguy. Ce jardin, d'une superficie de 13 000 m², a été construit à l'emplacement d'une ancienne emprise SNCF. Passer devant les

tables de ping-pong et emprunter l'allée de bouleaux. En été, sous leurs frondaisons, on peut vraiment s'imaginer dans un sous-bois. Au pied des arbres ont été plantés des géraniums, des digitales et des plantes à bulbes (jonquilles, iris). En continuant, on parvient au fond du jardin, qui se heurte à l'ancien chemin de fer de la petite ceinture. Ici se faisait le raccordement de la ligne Bastille-Vincennes et de la petite ceinture. Monter l'escalier qui permet d'accéder en haut de "l'amphithéâtre" organisé en gradins, terrasses et bassins. En redescendant par ces gradins, on remarquera un jardin de plantes de terre de bruyère, quelques ajoncs, de magnifiques camélias…
Parvenu en bas, on quitte le jardin par la rue Marie Laurencin (cette sortie se repère aisément grâce à la

Hommage au poète. Le jardin Charles Péguy a été nommé ainsi en souvenir de l'écrivain et poète, qui partit pour la guerre le 4 août 1914, depuis la gare de Bel-Air-Raccordement ; celle-ci reliait la ligne de la Bastille à la petite ceinture. Péguy devait succomber le 5 septembre suivant près de Villeroy, d'une balle reçue en plein front.

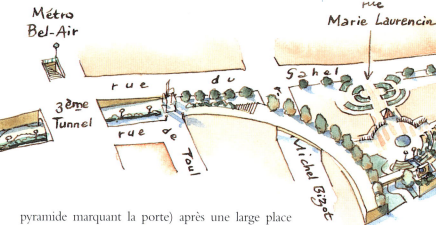

pyramide marquant la porte) après une large place circulaire plantée de superbes magnolias. Au bout de la rue, en tournant à droite dans la rue du Sahel, on rejoint le mail qui s'enfonce à nouveau en tranchée jusqu'au boulevard Soult.
Pour le moment, continuer au-delà ne mène pas encore au bois de Vincennes, mais seulement à une palissade. Il vaut mieux, dès lors, prendre l'escalier à droite et remonter au niveau du boulevard, que l'on suivra à main droite jusqu'au métro Porte Dorée, à moins que l'on préfère prendre le PC ou, dans l'avenir, le tramway.

Cette promenade dans l'est de Paris conduit à traverser de part en part deux arrondissements et à s'engager dans une ascension (douce) des reliefs naturels ou artificiels du paysage parisien dont le promeneur, s'aventurant sur les hauteurs de Charonne et de la butte de "La Campagne à Paris", mesurera la réalité.

Mais cette traversée a d'autres intérêts que les courbes de niveaux. Elle est aussi une plongée historique dans des univers bien différents : du plus modeste au plus glorieux, des cours artisanales aux grands domaines seigneuriaux, tous ont connu leurs riches heures, aujourd'hui enfuies. Il reste quelques témoins fragiles de la peine des uns et de la grandeur des autres auxquels s'accroche l'évocation de la société des artisans et commerçants, des célébrités littéraires et politiques, des paysans des faubourgs, des nobles établissant leur villégiature à la campagne, des petits épargnants en quête de bonheur domestique... bref, de la société parisienne.

On goûtera pleinement cette promenade quand la végétation est sortie de sa léthargie hivernale, tant elle ajoute au charme des ruelles et enclaves secrètes du 20e arrondissement.

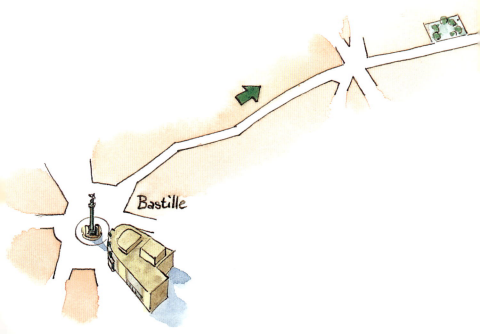

PROMENADE 7

DE LA BASTILLE À LA PORTE DE BAGNOLET

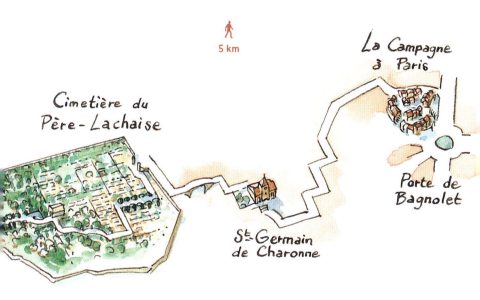

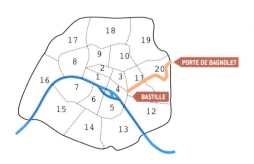

À la Bastille.

Le quartier de la Bastille dans son ensemble, et la rue de la Roquette en particulier, ont considérablement changé d'aspect ces dernières années. Peut-on encore parler d'un quartier populaire ? Plus vraiment. Le mythe est pourtant entretenu avec soin si on en juge aux accents hautement prolétariens des enseignes, choisies pour mieux séduire les porteurs de cartes de crédit bien approvisionnées.

La mutation sociologique du quartier s'accompagne d'une conséquence fâcheuse pour le promeneur : ce ne sont plus les grandes artères qu'on barricade mais les passages, aujourd'hui codés à double tour, qui permettaient hier de joindre une cour à une autre. Il faut l'entrebâillement

d'une porte cochère pour apercevoir la perspective d'une allée étroite et longue que les nouveaux occupants des lieux ont généralement su fleurir et aménager avec goût.

DÉPART place de la Bastille, au début de la rue de la Roquette. Au n° 2, passer sous le porche de l'immeuble et s'engager dans le passage du Cheval Blanc.

Ce passage, en fait une succession de cours baptisées chacune du nom d'un des six premiers mois de l'année, conduit, par la cité Parchappe, à la rue du Faubourg Saint-Antoine. Rénové, il a largement perdu sa vocation artisanale mais pas sa configuration générale.

Le "chantier" du Cheval Blanc abritait au XVIIe siècle un dépôt de bois du Faubourg, avant que les ateliers n'y soient construits dans la seconde moitié du XIXe siècle.

Revenir rue de la Roquette et suivre celle-ci en tournant le dos à la Bastille.

Disparus, les derniers établissements spécialisés depuis plus d'un siècle dans le mobilier de café ! Leur présence rappelait que le quartier fut longtemps appelé "la petite Auvergne". Les émigrés du Massif central s'étaient en effet fixés majoritairement à proximité de la Bastille et tenaient tous les bistrots du coin.

On peut jeter un œil dans la rue de Lappe dont les petites maisons d'angle annoncent le style. Au n° 17,

rue de Lappe

rue de

Place de la Bastille

une plaque signale l'emplacement d'une maison où Verlaine vécut entre décembre 1882 et septembre 1883.

Au n° 56, la porte cochère ouvre sur une très jolie cour. On distingue encore le dessin d'arcades sur les façades, correspondant peut-être à d'anciennes écuries.

Au niveau du n° 58, une curieuse petite maison néogothique se niche au fond de la cité de la Roquette. Les n°s 43-45 correspondent à des maisons basses et anciennes dont les façades ondulent jusqu'à l'intersection avec la rue du Commandant Lamy.

Juste après cette rue s'élève Notre-Dame d'Espérance, dans un style forteresse un peu déconcertant.

Presque en face, au n° 70, une belle fontaine édifiée sous Louis-Philippe présente un décor de feuillages, têtes animales et coquillages.

Au n° 76, le Théâtre de la Bastille a investi les murs de l'ancien cinéma Cyrano-Roquette, disparu comme beaucoup de cinémas de quartier.

En retrait de l'alignement des façades se trouve aux n°s 84-86 une synagogue accueillant les juifs de rite espagnol.

Un peu plus loin, au n° 71, on remarque un beau portail à tympan sculpté, seul vestige, avec les deux colonnes supportant un balcon, rapportées contre un mur de côté, d'une riche maison de plaisance du XVIIIe siècle, détruite en 1977.

Au n° 93, il faut pousser la porte cochère pour admirer ce qu'il reste des Bains Voltaire : sol et façade du rez-de-chaussée sont recouverts de mosaïques et deux candélabres en fer forgé encadrent le modeste escalier qui donnait accès à l'établissement.

Rue de Lappe.
Cette rue est sans doute la plus "musicale" du quartier puisqu'elle a abrité jusqu'à quinze bals auvergnats avant que la bourrée ne cède la place à la java puis au tango. Celui qui allait devenir le plus connu des bals de la rue de Lappe, le Balajo, inauguré durant le Front populaire, est toujours en place et a conservé son décor intérieur. Mais d'autres institutions fameuses comme la Boule rouge ou le bal Bouscat ne sont plus là. La rue semble leur préférer le commerce de tapas en tous genres quand il ne s'agit pas d'american lunch.
Il subsiste cependant le restaurant "La Galoche d'Aurillac", au n° 41, et l'épicerie "Aux Produits d'Auvergne" au n° 6, avec ses grandes glaces et ses comptoirs en marbre sur lesquels le temps semble avoir glissé sans trouver prise.

PARIS BUISSONNIER • PROMENADE 7

La Grande Roquette.

La prison de la Grande Roquette s'élevait sur l'emplacemnt des immeubles anodins des nᵒˢ 166-168 de la rue. Entre 1851 et 1899, plus de deux cents exécutions y eurent lieu, le plus souvent de nuit mais pas sans public, tant le spectacle attirait les curieux.

Traverser l'avenue Ledru-Rollin et la rue Godefroy Cavaignac.

Aux nᵒˢ 130-134, un groupe d'immeubles construits en 1861 témoigne encore de la forte impression que la place des Vosges avait dû produire sur leur architecte. Mais ce dernier s'est émancipé des rigueurs du style Henri IV en surchargeant les façades d'un déferlement de guirlandes, têtes de lions, angelots…

Traverser le boulevard Voltaire et poursuivre dans la rue de la Roquette en direction du cimetière du Père Lachaise dont on distingue les frondaisons.

A hauteur des nᵒˢ 115-115 bis, une cité industrielle, voie étroite et longue bordée de constructions basses, court jusqu'à la rue Camille Desmoulins.

Au nᵒ 147 ouvre un square qui occupe l'emplacement de la prison de la Petite Roquette démolie en 1974. Il ne reste de cette prison de femmes que le porche donnant aujourd'hui accès au square. Une plaque rappelle qu'entre juin 1940 et août 1944, quatre mille résistantes furent emprisonnées ici.

En face du square débouche la rue de la Croix Faubin. Il faut scruter le sol avec

attention, à proximité du passage piéton, pour repérer cinq dalles rectangulaires correspondant aux points d'assise de la guillotine que l'on dressait devant la prison de la Grande Roquette (à ne pas confondre avec la précédente). Ici, jusqu'à la fin du XIXe siècle, on enfermait les condamnés à mort en attente de leur exécution et les prisonniers promis aux travaux forcés avant leur embarquement pour le bagne. Le n° 151 fut le domicile d'Hubertine Auclert, pionnière du féminisme et fondatrice du "Suffrage des femmes", une société de pensée qui, dès 1876, entendait promouvoir l'égalité des sexes "devant la loi et devant les mœurs". Au n° 153, une boulangerie, à l'angle avec la rue de la Folie-Regnault, présente une devanture ornée de jolis panneaux de peintures fixées sous verre. Un peu plus haut et en face, les n°s 186-192 sont occupés par une paisible cité artisanale en brique.

La dernière nuit du condamné.

"On le réveille vers cinq heures. Presque toujours il dort. Ce n'est point indifférence, mais accablement, et les plus lâches sont ceux qui ronflent le plus. Ils tiennent contre le sommeil une nuit, deux nuits, soutenus par l'angoisse. Puis ils succombent, la bête l'emporte : ils dorment.

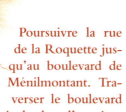

Poursuivre la rue de la Roquette jusqu'au boulevard de Ménilmontant. Traverser le boulevard et entrer par la porte principale dans l'enceinte du cimetière du Père Lachaise.

Notre itinéraire ne nous conduira pas à faire une visite complète du cimetière, dans lequel on peut bien sûr passer plus de temps. Pour s'y retrouver commodément ou repérer les sépultures des personnalités, ne pas hésiter à demander le plan gratuit au bureau de la Conservation à l'entrée.

Je parierais qu'ils ne rêvent pas ! Le cerveau est épuisé : il a rendu tout ce qu'il pouvait rendre, et traîne comme une éponge sèche dans la tête lassée. Et puis, on s'habitue à tout, même à l'idée de la mort."

Jules Vallès,
Le Tableau de Paris,
1882-1883

PARIS BUISSONNIER • PROMENADE 7

Le Père Lachaise.
Cimetière des gloires nationales, des étoiles du monde des lettres et des arts, c'est aussi un vaste jardin avec des milliers d'arbres. Pourtant, à son ouverture, en 1804, le Père Lachaise n'avait pas eu la faveur des Parisiens car il était hors de Paris, et surtout dans un champ non attenant à une église. En 1815, on ne dénombrait que 653 inhumations. Mais après le transfert des sépultures d'Héloïse et d'Abélard, de La Fontaine et de Molière, le succès ne s'est pas démenti, tant et si bien qu'en 1850, le cimetière fut étendu à son périmètre actuel. On distingue bien la partie ancienne, aux allées sinueuses et escarpées, des extensions ultérieures, au plan orthogonal.

S'avancer dans l'allée principale et gagner la terrasse par les escaliers latéraux.
On remarquera, en chemin, la tombe de Colette (à gauche, au début de l'avenue du Puits), celles de Rossini, Musset, Haussmann sur l'avenue principale (côté gauche) et d'Arago, Ledru-Rollin, Félix Faure (côté droit). Parvenu au sommet des escaliers, on gagne le droit de reprendre son souffle ; c'est de ce balcon sur Paris que Rastignac, le jeune héros balzacien, s'écrie : "À nous deux maintenant !"

Prendre à droite l'avenue de la Chapelle et, à quelques pas, emprunter sur la gauche le chemin du Bassin, puis le chemin Molière.
Au début de l'avenue de la Chapelle, un bronze de Géricault campe le peintre dans une pose alanguie. Sur le chemin Molière, on voit le tombeau de Gay-Lussac et, un peu plus haut derrière, l'impressionnant obélisque élevé pour un certain François Gémond. Quelques mètres plus loin voisinent Molière et La Fontaine, dont on peut douter qu'on ait réellement retrouvé les restes dans les cimetières Saint-Joseph et des Innocents.

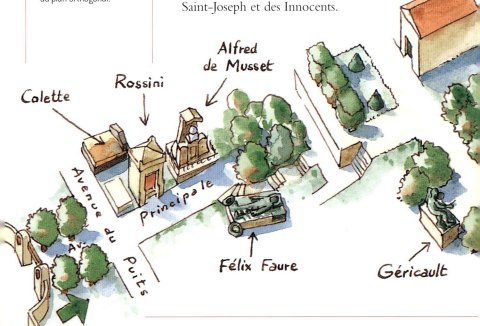

De la Bastille à la porte de Bagnolet

Prendre le premier petit chemin à gauche. Traverser la Transversale n°1 et le chemin des Anglais pour s'engager dans l'avenue Greffulhe. Tourner à gauche dans la Transversale n°2.

A cinquante mètres, sur le côté droit, se trouve la sépulture de Victor Noir, jeune journaliste abattu par le prince Pierre Bonaparte en 1870. Cette tombe est l'une des plus visitées du cimetière, moins par ferveur républicaine que pour les besoins du culte de la vigueur sexuelle dont le gisant, inlassablement caressé par des mains anonymes, fait l'objet.

Tourner à droite dans l'avenue Carette. Poursuivre jusqu'à l'avenue circulaire.

La tombe d'Oscar Wilde, à gauche, figure un être à tête de sphinx. Sur le même côté se trouve celle de la famille du chimiste Jean Chaptal.

Prendre à gauche l'avenue circulaire et rejoindre la porte Gambetta.

PARIS BUISSONNIER • PROMENADE 7

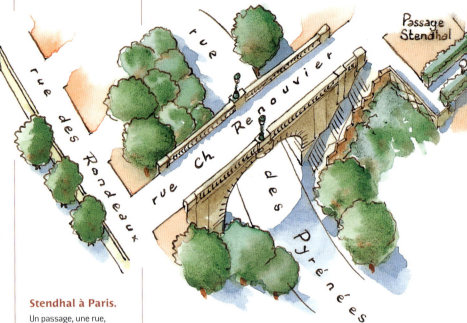

Stendhal à Paris.
Un passage, une rue, une villa... Henri Beyle (1783-1842), plus connu sous le nom de Stendhal, n'a pas été oublié dans le 20ᵉ arrondissement. Surtout si l'on ajoute la toute proche rue Lucien Leuwen, qui a le privilège d'être une des très rares voies parisiennes à porter le nom d'un personnage romanesque.

Sorti du cimetière, tourner à droite dans la rue des Rondeaux et gagner la rue Charles Renouvier.
La rue des Rondeaux, ombragée par les feuillages du Père Lachaise, bordée de maisons basses et de petits immeubles, semble ne vouloir se départir de son calme en aucune circonstance. La rue Charles Renouvier se transforme en pont avec garde-fou en pierre et réverbères traditionnels pour enjamber la rue des Pyrénées.

Juste après le pont, tourner à droite dans le passage Stendhal et rejoindre la rue du même nom. Tourner à droite rue Stendhal.
Au débouché du passage, on aperçoit les immeubles cossus, tous semblables, mariant brique et pierre, de la villa Stendhal. Ce furent, à Charonne, les premiers immeubles destinés à une clientèle bourgeoise.

Après la rue Lisfranc, à gauche, de tristes murs dissimulent au regard – sauf par quelques brèches – un vaste espace gazonné vierge de constructions : il coiffe les réservoirs de Charonne.

Tourner à gauche dans le chemin du Parc de Charonne et pénétrer dans l'enceinte du cimetière de Saint-Germain de Charonne.
La petite église de campagne dont on voit le large toit de tuiles plates est l'une des deux seules à Paris à posséder son cimetière attenant. De dimensions bien modestes, il est vrai, pour qui vient d'arpenter le Père Lachaise ! Ici reposent les fils d'André Malraux victimes d'un accident de voiture et Robert Brasillach, écrivain très engagé dans la collaboration et la promotion du nazisme, exécuté à la Libération.
Dans cet endroit loin de tout, on est tenté de s'asseoir sur un banc et de se laisser bercer par le clocher égrenant tranquillement les heures.

Une famille unie au cimetière de Charonne.
Sous trois dalles de marbre reposent le père, la mère et le fils de la famille Papier. Sur la tombe du fils, on voit trois mains entrelacées et on lit : "Je tiens cordialement la main de mon père ainsi que celle de ma mère."

85

Traverser le cimetière, descendre les escaliers et traverser la rue de Bagnolet pour s'engager, en face, dans la rue Saint-Blaise.

Le quartier Saint-Blaise, dont on a rénové ce qui pouvait l'être et démoli le reste, ne manque pas de charme. La rue Saint-Blaise, bordée de maisons basses, est l'ancienne rue principale du vieux village de Charonne. Un bourg plus campagnard, avant son annexion à la capitale en 1860, que ses voisins Belleville et Ménilmontant, à la vocation artisanale affirmée. Le caractère bucolique du lieu en fit un séjour recherché par les riches Parisiens qui y construisirent au cours des XVIIe et XVIIIe siècles des résidences secondaires parfois somptueuses.

En se retournant, on a une jolie perspective, bien peu parisienne, sur le clocher de Saint-Germain de Charonne.

Tourner à gauche, rue Riblette, à gauche encore cité Leclaire, à droite place Pierre Vaudrey et à gauche rue des Balkans.

Derrière les grilles du jardin public de l'hospice Debrousse, on remarque un élégant pavillon de pierre blanche coiffé d'ardoises. Le pavillon de l'Ermitage, construit en 1734, est l'ultime vestige du château de Bagnolet dont le domaine, à ses heures de gloire, ne couvrait pas moins de quatre-vingts hectares sur Charonne et Bagnolet.

À peu près deux fois la superficie actuelle du cimetière du Père Lachaise ! Morcelée à la fin du XVIIIe siècle, déboisée, lotie, la propriété fut progressivement avalée par la ville au cours du siècle suivant. Accessoirement, le pavillon de l'Ermitage fut aussi le quartier général des contre-révolutionnaires qui tentèrent, sans succès, d'organiser l'évasion de Louis XVI et de Marie-Antoinette, condamnés à mort. Arrêtée, la troupe des "conjurés de Charonne", fut elle aussi passée au fil de la guillotine.

En face du débouché de la rue des Balkans, aux n°s 135-137 de la rue de Bagnolet, on note encore deux maisons d'allure villageoise ; la façade de l'une d'elles est pourvue d'une niche, aujourd'hui vide.

Rez-de-chaussée ?

Non loin du carrefour Balkans/Bagnolet, on peut voir (n°s 134 et 136, rue de Bagnolet) deux élégants escaliers en fer à cheval donnant accès à des maisons paraissant aujourd'hui un peu haut perchées. Leur construction est en effet antérieure aux travaux du milieu du XIXe siècle destinés à atténuer la pente de la rue de Bagnolet.

PARIS BUISSONNIER • PROMENADE 7

Le château de Ménilmontant.
Un peu plus haut, vers le carrefour avec l'avenue Gambetta, la rue Pelleport correspondait à la limite du vaste domaine de Ménilmontant. Construit au XVIe siècle, le château fut doublé d'une nouvelle résidence quand Michel Le Pelletier, seigneur de Saint-Fargeau, en devint propriétaire en 1695. L'actuelle rue Saint-Fargeau est l'ancienne allée principale du parc.

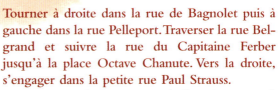

Tourner à droite dans la rue de Bagnolet puis à gauche dans la rue Pelleport. Traverser la rue Belgrand et suivre la rue du Capitaine Ferber jusqu'à la place Octave Chanute. Vers la droite, s'engager dans la petite rue Paul Strauss.

Ici commence le lotissement de "La Campagne à Paris" bâti sur une ancienne carrière de gypse remblayée avec les gravats provenant des percées haussmanniennes des avenues Gambetta et de la République. La butte, stabilisée par quelques plantations qui finirent par former un petit bois, fut acquise en 1908 par une société coopérative, justement nommée "La Campagne à Paris". Son projet était de faciliter l'accession à la propriété de ses sociétaires, généralement des employés aux revenus modestes mais réguliers. En une vingtaine d'années, un peu moins d'une centaine de pavillons en briques ou en meulières furent construits. L'endroit n'a pas bougé – ou presque – et forme une enclave aussi charmante qu'inattendue à deux pas des échangeurs de la porte de Bagnolet.

La circulation dans ce petit village se pratique d'autant plus librement que ses dimensions sont réduites. Le promeneur qui aura cheminé vaillamment depuis la Bastille ne comptera peut-être pas, au

88

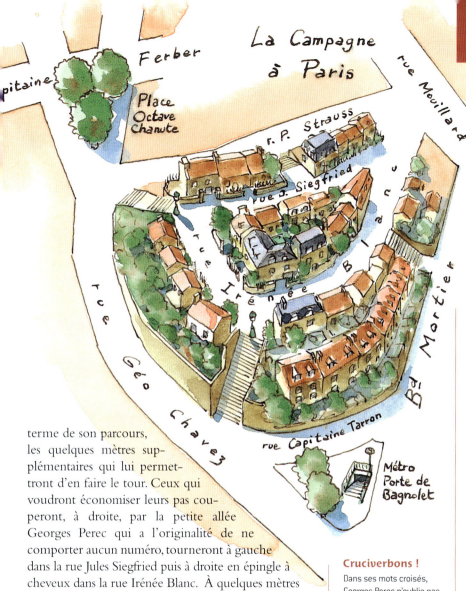

terme de son parcours, les quelques mètres supplémentaires qui lui permettront d'en faire le tour. Ceux qui voudront économiser leurs pas couperont, à droite, par la petite allée Georges Perec qui a l'originalité de ne comporter aucun numéro, tourneront à gauche dans la rue Jules Siegfried puis à droite en épingle à cheveux dans la rue Irénée Blanc. À quelques mètres sur la gauche, des escaliers permettent de quitter ce paradis et de rejoindre la civilisation sous la forme bruyante du boulevard Mortier et (à droite) de la bouche du métro Porte de Bagnolet.

Une dernière halte dans la verdure est toujours possible : il suffit de traverser le boulevard et de se reposer dans le square Séverine qui possède de beaux arbres et domine en terrasse la porte de Bagnolet. Il accueille parfois des cirques itinérants, ce qui ouvre d'autres perspectives de loisir.

Cruciverbons !

Dans ses mots croisés, Georges Perec n'oublie pas le 20ᵉ arrondissement. Quelles définitions donne-t-il de :
1. Bagnolet
2. Sainteté
3. Père-Lachaise ?

1. Un sous-bois d'un côté et des lilas de l'autre. 2. Pour Blaise, mais pas vraiment pour Fargeau. 3. Un père éternel.

Beaucoup d'ombrages et de jardins jalonnent cette promenade. Il est donc conseillé de la faire à la belle saison. Pourtant on chercherait en vain sur ce trajet quelques vestiges de l'ancien village de Belleville : fermes et moulins ont disparu depuis longtemps. Quant au Paris laborieux des ateliers, des entrepôts et des logements insalubres, il appartient progressivement à une histoire révolue : tant pis pour les amateurs de pittoresque canaille. Si le décor de la vie ouvrière d'il y a cent ans a souvent cédé la place à des immeubles banalement fonctionnels, l'abandon de locaux vétustes a aussi permis des réhabilitations intelligentes et un travail d'urbanisme bien pensé.

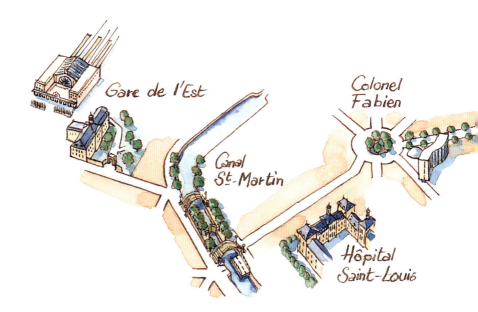

PROMENADE 8

DU PRÉ-SAINT-GERVAIS À LA GARE DE L'EST

3,5 km

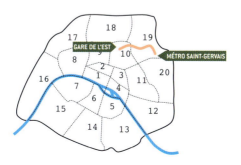

PARIS BUISSONNIER • PROMENADE 8

La Mouzaïa à Paris ?

La paisible rue de Mouzaïa porte le nom d'une gorge algérienne où s'affrontèrent en 1839 et 1840 l'armée française et Abd El-Kader, "émir des croyants", lorsqu'il brisa le traité de paix de Tafna et engagea une nouvelle guerre sainte.

DÉPART du métro Pré-Saint-Gervais (ligne 7B), à l'angle du boulevard Sérurier et de la rue de Mouzaïa. Suivre la rue de Mouzaïa, qui descend doucement, sur toute sa longueur.

On remarque assez vite sur la gauche (n°58) le grand immeuble de bureaux conçu par Claude Parent en 1974 pour le ministère de la Santé : ensemble de panneaux préfabriqués en béton cannelé, marqué par la faille verticale qui souligne la jonction avec une aile perpendiculaire située derrière. Le charme

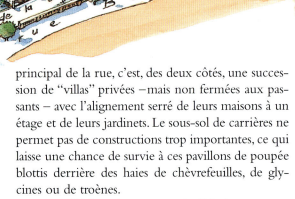

principal de la rue, c'est, des deux côtés, une succession de "villas" privées –mais non fermées aux passants – avec l'alignement serré de leurs maisons à un étage et de leurs jardinets. Le sous-sol de carrières ne permet pas de constructions trop importantes, ce qui laisse une chance de survie à ces pavillons de poupée blottis derrière des haies de chèvrefeuilles, de glycines ou de troènes.

Au n°7, l'église Saint-François-d'Assise est une simple construction de brique (1914-1916) dotée d'un campanile faisant corps avec la façade.

Du Pré-Saint-Gervais à la gare de l'Est

Traverser la rue du Général Brunet et pénétrer dans le parc des Buttes Chaumont par la petite porte d'angle. Un sentier monte vers un rond-point fleuri d'où l'on prend, à droite, l'avenue de la Cascade.

En contrebas de la rue Botzaris, elle borde une falaise verticale qui s'avance un peu plus loin en promontoire dominant le lac. Ces escarpements naturels sont ceux d'anciennes carrières de plâtre devenues au XIXe siècle des dépotoirs pestilentiels. Pour assainir le quartier, selon le programme d'Haussmann, on en

fit un parc, inauguré en 1867. D'où "l'invraisemblable diversité de cette construction de vallons et d'eau vive" dont s'enchantait Aragon et, grâce à un colossal apport de terre végétale, la beauté des pelouses et la majesté des arbres de toutes essences – plusieurs sont centenaires.

À droite, quelques vues splendides sur les pentes arborées et, au loin, Saint-Denis et la Butte Montmartre. À gauche, la cascade jaillit du mur de soutènement et, en contrebas, fait une chute de 32 mètres dont on entend le grondement. Nostalgie des "fabriques" à l'antique : l'île du lac, construite en rochers amassés, se coiffe d'un petit temple qui reproduit celui de la Sibylle à Tivoli, près de Rome.

Esthétique du rustique "naturel" : les chalets suisses et les cottages anglais ont été conçus par Davioud pour loger les gardes ou abriter des restaurants.

Un naturel très composé. Ce sont Alphand, "ingénieur-artiste", et Barillet-Deschamps qui eurent en charge la réalisation du parc des Buttes Chaumont. Plus d'un millier d'ouvriers furent mobilisés en 1864 pour dégrossir les terrassements : il s'agissait de tirer parti des reliefs existants (buttes, galeries de carrière, précipices...) et même de les accentuer comme ce fut le cas avec le promontoire dominant le lac, détaché de la ligne des falaises longeant la rue Botzaris.

PARIS BUISSONNIER • PROMENADE 8

Mathurin Moreau.
Mathurin Moreau (1822-1912) fut maire de la Villette mais aussi sculpteur et architecte. Il a beaucoup construit dans le quartier des Buttes Chaumont mais, curieusement, il ne se trouve aucune de ses réalisations dans la rue qu'on a baptisée de son nom.

Après un de ces pavillons en brique, au carrefour en fourche, prendre à droite l'avenue des Marnes qui mène à la sortie Secrétan. Prendre en face l'avenue Mathurin Moreau.

La façade de l'hôpital ophtalmologique Rothschild (1905) se déploie largement à l'angle de la rue Manin. Sur l'entrée monumentale formant pan coupé, les initiales du bienfaiteur se signalent sans ostentation. En face, au n° 61, une belle maison particulière de la même époque, suivie de deux autres (n° 57 et 55) où s'affirment les lignes nettes et dépouillées du style en vogue entre les deux guerres.

Plus bas, au n° 42, subsiste entre des constructions disparates une façade Art déco aux étroits panneaux colorés.

Le grand ensemble de logements sociaux construit en 1929, au n° 20, montre un emploi réussi de plusieurs tons de briques, de moulures variées et de jolies mosaïques ornementales qui lui permet d'échapper à l'uniformité.

La place du Colonel Fabien mérite bien qu'on s'y arrête un moment.

Le siège du Parti communiste français, tel que l'a reconstruit Oscar Niemeyer, l'architecte de Brasilia, de 1965 à 1971, en fait un haut lieu de l'architecture contemporaine autant que de l'histoire politique. L'ondulation du mur-rideau sur 80 mètres est à elle seule un paysage. Le bâtiment est "calé" au premier plan par le dôme semi-enterré, en béton brut, de la salle de réunion du Comité central. L'impression de solidité et de transparence de l'ensemble est voulue ; on peut visiter mais sur rendez-vous seulement.

La place du Combat.

Avant de porter le nom du héros de la Résistance, la place du Colonel Fabien s'appelait place du Combat. Jusqu'au milieu du XIXᵉ siècle, on fit s'affronter ici des animaux dans des luttes à mort. Il s'agissait

le plus souvent de combats de chiens mais il y eut aussi des confrontations sanglantes entre taureaux ou entre chiens et chevaux.

PARIS BUISSONNIER • PROMENADE 8

La Grange aux Belles.
On a parfois voulu voir dans l'origine de ce nom la proximité d'une auberge galante. Il semble cependant plus probable que le nom dérive d'une "grange aux pelles", plus banale...

Traverser la place et prendre la rue de la Grange aux Belles jusqu'au canal Saint-Martin.
Tout près du n° 53 se trouvait la butte où l'on dressa dès 1223 le sinistre gibet de Montfaucon. Lors de la construction de l'hôpital Saint-Louis au XVIIe siècle, on décida par souci d'hygiène d'en écarter ce voisinage insalubre et maudit, et le gibet fut déplacé. En face, aux n°s 26-38, la transformation d'une usine de compteurs à gaz en centre d'accueil pour étudiants est un exemple réussi de rénovation du patrimoine industriel.

Après la rue Juliette Dodu, on longe à gauche l'hôpital Saint-Louis. Il n'est pas interdit, loin de là, de visiter l'intérieur de l'hôpital mais il vous faudra ensuite revenir sur vos pas pour ressortir par là où vous êtes entrés.
Les bâtiments modernes du nouvel hôpital, construit de 1984 à 1989, demeurent en harmonie avec le bâti ancien grâce à leurs murs de brique et à leur hauteur limitée. Ce n'est hélas pas le cas de la construction qu'on trouve après l'entrée piétonne du n° 16, qui masque les bâtiments bas, les pavillons d'angles et l'ordonnance classique du plus vieil hôpital existant encore à Paris.

Du Pré-Saint-Gervais à la gare de l'Est

Les ravages successifs de la peste avaient décidé Henri IV à lancer la construction hors les murs pour isoler les malades contagieux, d'un hôpital destiné à désencombrer l'Hôtel-Dieu lors des épidémies. Il posa la première pierre de la chapelle (n°12) en 1607. L'ensemble constitue, comme la place des Vosges, un bel exemple de composition classique en quadrilatère de brique et de pierre de taille. La chapelle est ouverte vers l'extérieur car elle était destinée aux villageois du voisinage et non aux malades contagieux, dont la situation devait être si désespérée qu'on estimait que même le ciel, sinon la médecine, ne constituait pas un recours plausible. Assez délabrée et dépouillée par le vandalisme de la Révolution, elle a gardé sa façade et sa structure très simples.

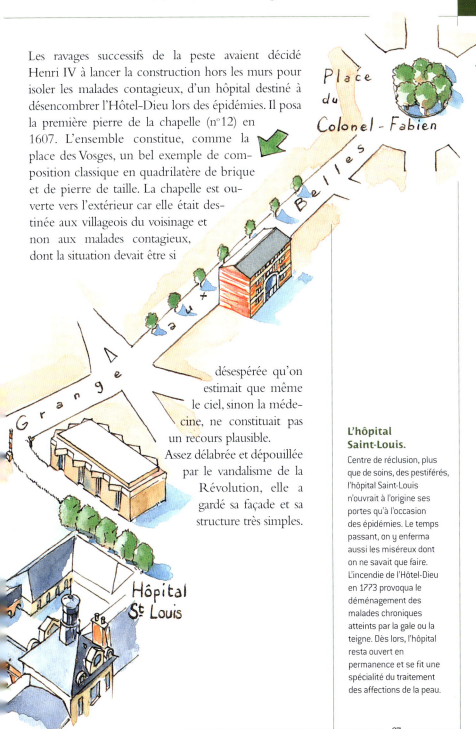

L'hôpital Saint-Louis.

Centre de réclusion, plus que de soins, des pestiférés, l'hôpital Saint-Louis n'ouvrait à l'origine ses portes qu'à l'occasion des épidémies. Le temps passant, on y enferma aussi les miséreux dont on ne savait que faire. L'incendie de l'Hôtel-Dieu en 1773 provoqua le déménagement des malades chroniques atteints par la gale ou la teigne. Dès lors, l'hôpital resta ouvert en permanence et se fit une spécialité du traitement des affections de la peau.

L'hôtel du Nord.

"C'est une vieille bâtisse faite de carreaux de plâtre et de mauvaises charpentes, où vivent des camionneurs, des mariniers, des maçons, des charpentiers, des employés, de jeunes ouvrières. Une soixantaine de personnes qui quittent l'hôtel le matin, vers sept heures, et n'y rentrent que le soir pour dormir. Ils occupent des chambres ternes et exiguës, froides l'hiver, étouffantes l'été ; les couloirs sont humides, l'escalier raide."

Eugène Dabit,
Hôtel du Nord, 1929.

Arrivé au quai de Jemmapes, prendre la passerelle juste à droite du pont tournant.
Avec un peu de chance, on verra celui-ci pivoter pour laisser un bateau de plaisance s'engager dans l'écluse ou en sortir. De toute manière, comment ne pas se laisser gagner par le charme de ce paysage d'eau indolente, de calmes frondaisons, de passerelles légères et de promeneurs tranquilles ?

Pourtant il n'en a pas toujours été ainsi. Inauguré en 1825 pour relier le bassin de l'Arsenal au bassin de la Villette, le canal a d'abord connu sur ses 4,5 km le trafic laborieux des péniches de fret et l'encombrement des déchets et immondices qu'on y déchargeait sans scrupule. Ses riverains étaient les ouvriers des usines et entrepôts voisins, et les malandrins qui y rôdaient à la nuit tombée. Romans et films ont immortalisé les images mythiques de ce Paris populaire : il suffit de regarder l'hôtel du Nord (n° 102) et le pont tournant, exactement reproduits par Alexandre Trauner dans les studios de Boulogne en 1938 pour le film de Marcel Carné. Ce n'est pas en décor naturel qu'Arletty s'est écriée : "Atmosphère, atmosphère…", mais on s'attendrait presque à la croiser si la façade de l'hôtel, sauvée de la ruine, n'avait pas perdu sa patine dans une restauration un peu trop énergique.

Quai de Valmy, tourner à droite et prendre la rue des Récollets jusqu'à l'entrée du square Villemin (n° 8). Dans le square, suivre l'allée de gauche.
Le porche de l'ancien hôpital militaire Villemin a été conservé, ainsi que les grands arbres de son jardin qui a été agrandi jusqu'au quai de Valmy. En suivant l'allée de gauche, on longe un bâtiment du XVIIIᵉ siècle, vestige de l'important couvent des Récollets. Le couvent de ces moines franciscains, prospère

L'hôpital des Armées.

Tout proche de la gare de l'Est, l'hôpital militaire Saint-Martin, qui prit le nom de Villemin en 1913, était aux premières loges pour accueillir les blessés évacués du front lors des grands conflits. Plus de 30 000 soldats y furent hospitalisés durant la première guerre mondiale.

avant la Révolution, pillé ensuite, fut utilisé comme hospice au XIXᵉ siècle et transformé en hôpital militaire en 1860. Désaffecté en 1968, le bâtiment subsistant, très bien restauré après le grave incendie de 1992, abrite maintenant la Maison de l'architecture et l'Ordre des architectes en Ile-de-France.

À la sortie, on débouche au n° 2 de l'avenue de Verdun, en face de la gare de l'Est.

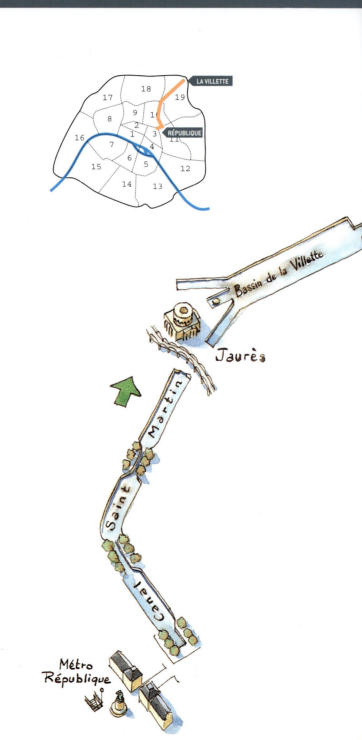

PROMENADE 9

AU LONG DES CANAUX

4 km

Ni Venise, ni Amsterdam, Paris compte pourtant plus d'un canal. Le réseau envisagé dès le début du XVIe siècle pour répondre aux nécessités d'approvisionnement en eau de la capitale ne prendra corps que trois siècles plus tard. Mais quand Napoléon en arrête la décision en 1802, il s'agit, aussi, d'affranchir la navigation commerciale et industrielle des méandres de la Seine. Le canal de l'Ourcq captant les eaux de cet affluent de la Marne s'étire sur 27 kilomètres entre Claye-Souilly et le bassin de la Villette. Ce dernier alimente le canal Saint-Denis rejoignant la Seine au port de La Briche près de Saint-Denis, et le canal Saint-Martin, traversant les 10e et 11e arrondissements pour aboutir à la Seine au port de l'Arsenal. L'ensemble du dispositif est en place depuis 1825-1826 mais les quais parisiens, hier encombrés de marchandises, sont aujourd'hui vides. Reste un décor, souvent utilisé par le cinéma… et pourquoi pas par le promeneur désireux de faire une belle balade sans complication d'itinéraire, puisqu'il s'agit simplement de suivre la ligne miroitante des eaux calmes des canaux parisiens.

DÉPART à l'angle de la rue du Faubourg du Temple et du quai de Jemmapes, près de la place de la République. Entrer dans le square.

Le modeste square Frédérick Lemaître s'honore d'un buste du comédien qui brûlait les planches dans les théâtres du tout proche "boulevard du crime", ancien boulevard du Temple, aujourd'hui disparu. Il semble, ici, donner la réplique à la jolie grisette qui lui fait face de l'autre côté de la rue.

La promenade commence alors que s'achève la course souterraine du canal Saint-Martin depuis la Bastille, suivant les boulevards Richard Lenoir et Jules Ferry.

Longer le canal côté quai de Jemmapes.

Dépassant la jolie passerelle de la Douane, on progresse sur le quai ombragé par les platanes jusqu'au pont tournant de la rue Dieu, un des deux derniers du genre à Paris avec son voisin de la Grange aux Belles. Juste après, la percée de la rue Richerand offre une belle perspective, à droite, sur le pavillon d'entrée de l'hôpital Saint-Louis. C'est d'ailleurs la présence de l'hôpital qui fait décrire au canal la courbe gracieuse dont nous ne tarderons pas à apercevoir la naissance. Au n° 80, les pignons des immeubles sont peints en trompe l'œil ; visiblement très inspiré par le site, le premier sur la rue n'hésite pas à prendre des allures vénitiennes. Au n° 84, la cristallerie Schweitzer témoigne encore du passé artisanal du canal ; derrière ses vitres on aperçoit les circuits complexes des poulies et des engrenages.

Le pont tournant de la Grange aux Belles et la passerelle annoncent le "centre nerveux" – en tout cas cinématographique – du canal. C'est là – ou plutôt dans la reconstitution du décor aux studios de Boulogne-Billancourt – que la gouailleuse Arletty lança son impérissable réplique "Atmosphère, atmosphère…" qui fit passer le film de Marcel Carné, *Hôtel du Nord*, à la postérité.

À l'angle de la rue de la Grange aux Belles et du quai, le café "Le Pont tournant" s'appelait encore le "Café

Écluses.

La vie au grand air du canal est saluée d'entrée par la première d'une série de 9 écluses dont la manœuvre constitue la principale animation des eaux dormantes. Tout au long de son parcours, le canal Saint-Martin doit en effet corriger 25 mètres de dénivelé. Ce n'est qu'en 1970 que les écluses ont été électrifiées et, au temps du grand trafic montant et avalant, éclusiers et mariniers devaient jouer de la manivelle pour faire passer quelque 25 bateaux par jour.

Au long des canaux

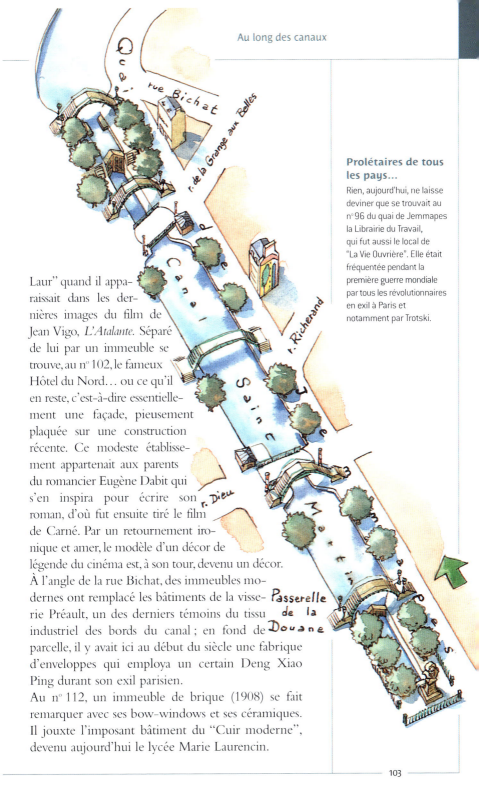

Prolétaires de tous les pays…

Rien, aujourd'hui, ne laisse deviner que se trouvait au n° 96 du quai de Jemmapes la Librairie du Travail, qui fut aussi le local de "La Vie Ouvrière". Elle était fréquentée pendant la première guerre mondiale par tous les révolutionnaires en exil à Paris et notamment par Trotski.

Laur" quand il apparaissait dans les dernières images du film de Jean Vigo, *L'Atalante*. Séparé de lui par un immeuble se trouve, au n° 102, le fameux Hôtel du Nord… ou ce qu'il en reste, c'est-à-dire essentiellement une façade, pieusement plaquée sur une construction récente. Ce modeste établissement appartenait aux parents du romancier Eugène Dabit qui s'en inspira pour écrire son roman, d'où fut ensuite tiré le film de Carné. Par un retournement ironique et amer, le modèle d'un décor de légende du cinéma est, à son tour, devenu un décor.
À l'angle de la rue Bichat, des immeubles modernes ont remplacé les bâtiments de la visserie Préault, un des derniers témoins du tissu industriel des bords du canal ; en fond de parcelle, il y avait ici au début du siècle une fabrique d'enveloppes qui employa un certain Deng Xiao Ping durant son exil parisien.
Au n° 112, un immeuble de brique (1908) se fait remarquer avec ses bow-windows et ses céramiques. Il jouxte l'imposant bâtiment du "Cuir moderne", devenu aujourd'hui le lycée Marie Laurencin.

Au n° 132-134, aujourd'hui investi par la société Clairefontaine, subsiste un très bel exemple d'architecture industrielle avec ce qui était l'usine électrique, considérée en son temps comme la plus moderne de France, de la Compagnie parisienne de l'air comprimé. Cette réalisation mariant la brique, le métal et le verre valut à son architecte, Paul Friesé, une médaille d'or lors de l'Exposition universelle de 1900.

Poursuivre le long du bassin des Récollets puis abandonner provisoirement le quai car le passage sous le pont est fermé. Emprunter le quai de Jemmapes pour traverser la rue des Écluses Saint-Martin. Continuer, après la grille du petit square, dans l'allée sablonneuse.

Électricité statique.
À la fin du siècle dernier, on mesurait bien le parti qu'on pouvait tirer de la nouvelle énergie mais on ne savait pas encore la transporter sur de longues distances ; il fallait donc implanter les sources d'approvisionnement à proximité immédiate de leur utilisation. En pleine ville si nécessaire.

De l'autre côté du canal, au 159, quai de Valmy, un petit immeuble industriel proclame son rayonnement international "Paris-New York". À droite, côté Jemmapes, on découvre, à hauteur des n° 174-176, l'austère façade de granito de marbre rose de l'ancienne cité Clémentel. Aujourd'hui réhabilitée en immeuble de

Place de la Bataille de Stalingrad

bureaux – le Jemmapes –, cette cité artisanale regroupait, au début des années 1930, plus de 400 ateliers des logements et des services communs (infirmerie, bibliothèque…). Au rez-de-chaussée s'était installé le Crédit artisanal dont on retrouve le monogramme dans les ferronneries. Clémentel, ministre du Commerce de 1916 à 1919, fut à l'origine de ce phalanstère où s'activèrent jusqu'à 2 000 artisans, et lui a laissé son nom.

Au bassin du Combat et dans le suivant, Louis Blanc, on déchargeait le plâtre et le ciment dont on ne voulait pas au bassin de la Villette par crainte des poussières susceptibles d'endommager les denrées consommables.

Poursuivre le long du bassin du Combat sans, cette fois, remonter au niveau de la rue ; le passage au bord de l'eau sous le pont encadré de grands peupliers est libre.

Le bassin Louis Blanc abrite les anciens entrepôts Susset, aujourd'hui occupés par le centre culturel Point Éphémère. C'est au début des années trente que les vastes bâtiments en brique et béton furent construits par un entrepreneur en matériaux de construction. Les hangars donnent directement sur le quai alors que les bureaux se réservent les étages. Paternel, le directeur, avait même fait aménager sur la terrasse une salle de spectacles pour les enfants des écoles.

Remonter la rampe d'accès au quai pour rejoindre le boulevard de la Villette. Tourner à gauche et traverser le boulevard puis les avenues Secrétan et Jean Jaurès pour gagner la place de la Bataille de Stalingrad.

Pignons sur canal.

Le haut du canal était plus le domaine des grosses entreprises que des petits ateliers. Souvent les entrepôts s'agrémentaient d'une maison bourgeoise protégeant le repos des entrepreneurs fortunés. On en voit encore un exemple au n° 194, avec la façade de l'hôtel particulier construit au siècle dernier pour le propriétaire des charpentes Laureilhe. Rien n'était trop beau : ici, on n'avait pas lésiné sur la décoration intérieure, notamment en reproduisant un plafond du château de Fontainebleau.

PARIS BUISSONNIER • PROMENADE 9

Aux portes de Paris.

Un solide rempart percé à son extrémité d'un escalier porte les noms des différentes barrières de Paris quand l'octroi était encore en vigueur. De son sommet, on peut contempler à loisir, sur la gauche, la rotonde de la Villette, rare rescapée avec les postes de Denfert, Monceau et du Trône, des pavillons construits entre 1785 et 1789 par Claude Nicolas Ledoux aux portes de la ville. La rotonde perdit sa fonction première en 1860, quand l'annexion de la Villette repoussa les limites de la ville, et fut convertie en entrepôt de sel. En cours de réhabilitation, les bâtiments abriteront prochainement un centre culturel et un restaurant.

Gagner le quai de la Loire, en bordure du bassin. Un panneau indique que nous sommes à 4,5 km de la Seine, soit environ deux heures un quart… pour qui voyage en bateau, bien entendu ! Un trajet rapide, en fait, si l'on songe qu'à l'époque du grand trafic, il fallait compter la journée pour franchir les neuf écluses et les deux ponts tournants.

Deux entrepôts élégants provenant de l'Exposition universelle de 1878, brique et structure métallique, se font face de part et d'autre du bassin. Tous deux ont été convertis en cinéma. Derrière lui, on aperçoit un immeuble blanc dont les balcons forment un ruban continu orné de ferronneries ouvragées : c'est une œuvre de Dominique Perrault, l'architecte de la Bibliothèque de France. Son voisin aux lignes pures, de l'autre côté de la rue de Soissons, est le siège social du groupe André. C'est une réalisation de

Bassin de la Villette

Place de la Bataille de Stalingrad

l'architecte Stanislas Fiszer, mariant harmonieusement béton, verre fumé et aluminium.

Briqué comme un sou neuf, le bassin de la Villette n'a pas toujours présenté le même visage. Noir d'un côté, blanc de l'autre : c'est ainsi qu'on le découvrait quand les montagnes de charbon, sur un quai, prenaient leurs distances avec le sucre ou le sel entreposés sur l'autre rive. En progressant au bord de l'eau, on remarque, en face, de vastes entrepôts, meulière et bandeaux jaunes. Sur l'autre rive ne demeure que l'emplacement de leurs homologues, détruits en 1990 à la suite d'un incendie. Construits en 1840 et relevés de leurs ruines après un premier incendie durant la Commune, ces magasins stockaient sur cinq étages sucre, grains et alcools. Désaffectés en 1974, ils furent utilisés à plusieurs reprises par le cinéma, notamment pour *Diva* de Jean-Jacques Beneix.

Le pont mobile.
Le pont de la rue de Crimée date de 1884 et remplace un ancien pont tournant. Le mécanisme de celui-ci est une rareté technologique car il s'agit du premier pont à soulèvement parallèle assuré par un système hydraulique.

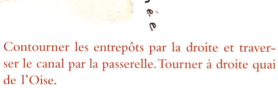

Contourner les entrepôts par la droite et traverser le canal par la passerelle. Tourner à droite quai de l'Oise.

Cette portion du canal est bordée de grands immeubles récents sans grâce particulière. Le passé industriel des lieux se devine plus qu'il ne se voit. À mi-distance entre la passerelle de la rue de Crimée et le pont vert de la rue de l'Ourcq, on remarque des rails incrustés entre les gros pavés disjoints du quai ; ils servaient certainement aux manœuvres d'une grue de déchargement des bateaux.

Aux extrémités du tablier, quatre colonnes coiffées de fortes poulies supportent les gros câbles permettant la manœuvre. Du haut de la passerelle doublant le pont mobile, le promeneur bénéficie d'un panorama exceptionnel sur le bassin avec, en fond de tableau, les nobles proportions de la rotonde de la Villette. En se tournant de l'autre côté, il peut embrasser la perspective rectiligne du canal de l'Ourcq – son nouveau guide – et distinguer les toits des Grands Moulins de Pantin.

PARIS BUISSONNIER • PROMENADE 9

La Cité des Sciences.

Sur 55 hectares, le parc de la Villette occupe l'emplacement des anciens abattoirs, en activité de 1867 à 1974.
Le corps principal de la Cité des Sciences s'est logé dans les vastes bâtiments des "nouveaux" abattoirs, achevés en 1969 et rapidement déclarés en faillite. L'endroit est vaste : environ quatre fois le volume du Centre Georges Pompidou !
Devant la Cité, la Géode scintille de ses 6 433 plaques d'acier. Elle abrite une salle de cinéma où les spectateurs sont littéralement enveloppés par l'image et le son.

Traverser le canal sur le pont du chemin de fer de ceinture. Tourner à gauche quai de la Marne.
Nous parvenons à la hauteur de la croisée des canaux, carrefour du canal de Saint-Denis et du canal de l'Ourcq. L'endroit est assez vaste pour que les péniches puissent manœuvrer. Ici on déchargeait le charbon, vite stocké dans les vastes entrepôts qui colonisaient la place. C'est là que furent tournées par Marcel Carné *Les Portes de la nuit* en 1945.

Poursuivre et traverser le pont métallique donnant accès au parc de la Cité des Sciences.
Nous franchissons un petit bras du canal, appelé darse, verdoyant et bordé par les ateliers en brique

des canaux. Utilisé pour les réparations, le bassin servait aussi aux essais conduits par les ateliers du quartier travaillant pour la Marine nationale.

Entrer dans l'enceinte de la Cité des Sciences et prendre tout de suite un peu de hauteur en empruntant l'escalier à structure métallique rouge vif menant à la coursive qui traverse le parc.
On distingue, à droite, la grande halle de l'ancien marché aux bestiaux, élevée entre 1865 et 1867 et aujourd'hui convertie en salle de spectacle.
A gauche, ce sont le grand bâtiment de la Cité des Sciences et la Géode. On remarque encore le fameux toboggan-dragon qui avait été dressé près de la croisée

des canaux juste après la fermeture des abattoirs. Un peu plus loin l'Argonaute, un vrai sous-marin mais déclassé par la génération des sous-marins nucléaires, est échoué à quelques mètres du canal de l'Ourcq, par lequel il est venu rendre visite aux Parisiens.

A droite, on remarque la structure de toile plastifiée tendue sur une armature métallique de la salle de concert du Zénith.

En fond de tableau, on distingue de plus en plus précisément les tours des Grands Moulins de Pantin. Cette cathédrale industrielle, un peu rétro, s'inscrit bien dans la note prolétarienne dominante de notre promenade… et en marque le point d'orgue.

Encore ?

Au bout du parc, nous sommes à égale distance des stations de métro Porte de la Villette et Porte de Pantin. L'amateur de pittoresque industriel a toute liberté de poursuivre sur le quai pour admirer de près l'architecture pseudo-médiévale des Grands Moulins… et même de continuer son trajet jusqu'à l'embouchure du canal (25 bons kilomètres) si le cœur lui en dit !

Personnes pressées s'abstenir ! Cette promenade ne peut qu'être longue par les méandres du parcours, par l'effort soutenu qu'exigent les montées et par le rythme lent qu'impose la flânerie. Monter à Montmartre, c'est un peu quitter Paris, marqué d'habitude par l'animation et le bruit. Voilà pourquoi notre parcours évite soigneusement les sites célèbres les plus fréquentés. Sans doute en le suivant verrons-nous peu de gens et nous sentirons-nous presque intrus dans certaines ruelles assoupies. Ici, ce n'est certes plus la campagne comme il y a cent ans, mais pas vraiment la ville : on se sent subtilement "ailleurs".
On peut même s'égarer dans le temps : dans les rues que nous allons suivre traînent les fantômes d'artistes qui ont vécu ici, faméliques ou renommés, à côté d'une population discrète d'artisans, de petits-bourgeois ou de marginaux tranquilles, tandis que tout près les heureux habitants de ce nouveau monde protègent leur vie privée dans des maisons de charme.
L'écran des frondaisons est tel, en été, que s'il agrémente une rue, il cache aux regards les demeures qu'elles entourent.
Il vaut donc mieux choisir la demi-saison, voire l'hiver pour faire cette promenade.

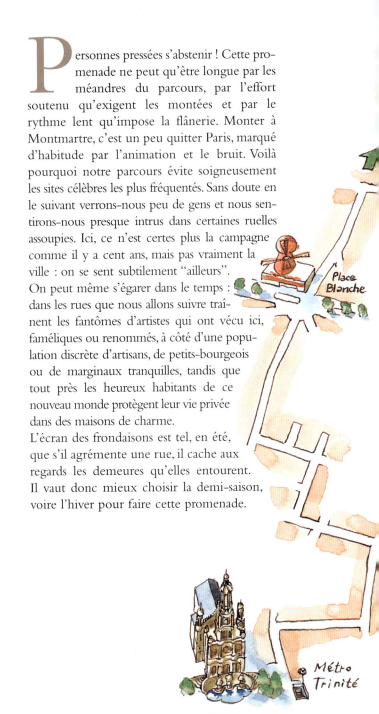

PROMENADE 10

DE L'ÉGLISE
DE LA TRINITÉ
À LA PLACE DES ABBESSES

3,7 km

PARIS BUISSONNIER • *PROMENADE 10*

La Nouvelle Athènes.

"…De nombreux jardins, plantés d'arbres odoriférants, y purifient l'atmosphère ; les merles et les rossignols y mêlent encore leur chant au bruit des vers que l'on déclame ou que l'on compose ; et le soir, quand tout est paisible sur la docte colline, le bruit des voitures roulant dans l'intérieur de Paris n'arrive à l'oreille que comme le mugissement sourd d'une grande cascade…"

Dureau de la Malle
Journal des Débats,
octobre 1823.

DÉPART place d'Estienne d'Orves, devant l'église de la Trinité.

Dans un quartier cossu et mondain récemment bâti sur des terrains maraîchers, le Second Empire voulut édifier une église qui soit digne de ses paroissiens : l'architecte Ballu créa donc ce grand sanctuaire, souplement inspiré de modèles Renaissance. Responsable d'un véritable programme d'urbanisme pour l'ensemble de la place, il eut l'heureuse idée de relier l'église au square qui la précède par un double escalier. Le square lui-même est conçu autour du nombre trois, en référence à la Trinité : trois fontaines, trois statues, trois zones de verdure.

À droite de l'église, monter la rue Blanche et tourner à droite dans la rue de la Tour des Dames.
On pénètre alors dans le quartier de la Nouvelle Athènes, longtemps méconnu de nos contemporains, malgré la beauté de ses demeures. Beaucoup de ses hôtels particuliers sont devenus des sièges sociaux, sans lui ôter le calme d'un quartier résidentiel. À partir de 1820, la spéculation immobilière a loti ces terrains pour une clientèle de luxe qui voulait s'affranchir du style traditionnel du faubourg Saint-Germain. L'architecture néoclassique de l'époque Restauration et la concentration d'artistes, d'écrivains, de musiciens et d'acteurs qui choisirent d'habiter ici ont valu au quartier son nom prestigieux.

Église de la Trinité

112

L'histoire se répète sans se copier : aux n°ˢ 8-14, là où une société de véhicules électriques occupe une ancienne centrale (1910) de la CPDE, il y avait jadis une poste aux chevaux.

Les plus beaux hôtels construits en 1820 et parvenus jusqu'à nous se trouvent ensuite et constituent un ensemble intéressant. Trois grands comédiens ont voisiné là, en amis plus qu'en rivaux : Talma au n° 9 dans une grande maison peu avenante, Mlle Duchesnois au n° 3, le ravissant hôtel dont la façade est une merveille d'habileté, et Mlle Mars au n° 1, dont le vestibule peut s'entrevoir aux heures d'ouverture de la banque qui l'occupe à présent. Le peintre Horace Vernet vécut au n° 5, puis au n° 7. En face, l'hôtel de Cambacérès (n° 4) construit en

1820 et l'hôtel de Lestapis au n° 2 (datant de 1819) rivalisent de charme : l'un avec la grande véranda de son jardin d'hiver et sa frise grecque, l'autre avec l'harmonie de ses proportions et l'effacement du toit en retrait derrière un haut bandeau.

Tourner à gauche dans la rue de La Rochefoucauld et la suivre jusqu'à la rue La Bruyère.

Derrière la façade du n° 14 se cachent l'appartement où vécut le peintre Gustave Moreau de 1852 à sa mort en 1898 et les deux étages d'ateliers qu'il fit aménager pour y exposer tout ce qu'il avait pu garder de son œuvre. C'est son élève, Georges Rouault, qui fut le premier conservateur de ce musée. Un peu plus tôt, Delacroix connut cette rue familièrement : sa maîtresse, Joséphine de Forget, habitait l'hôtel néoclassique du n° 19. Dans cet environnement Restauration on n'hésita pas, en 1930, à créer au n° 18 un immeuble aux lignes strictes et aux *bow-windows* effacés.

Tourner à gauche dans la rue La Bruyère puis à droite dans la rue Henner, jusqu'à la rue Chaptal.

Les constructions homogènes, après avoir traversé la rue Pigalle, résultent du lotissement orthogonal, à partir de 1837, d'une immense propriété de campagne, la Folie Boursault. Comment ne pas s'émouvoir, rue Henner, devant le premier domicile personnel à Paris de Guillaume Apollinaire, au n° 9 ? Il s'y installa en 1907 et y fut amoureux de Marie Laurencin. Dans l'axe de la rue, mais de l'autre côté de la rue Chaptal, on est attiré

De l'église de la Trinité à la place des Abbesses

par l'allée pavée ombragée d'acacias du n° 16. Il faut s'y engager pour découvrir au fond la maison d'Ary Scheffer, peintre de l'école romantique. L'âme du passé semble nous attendre derrière la glycine et les volets verts. Tout ce que Paris comptait d'artistes et d'écrivains était reçu dans cette accueillante demeure. Elle était donc toute désignée pour devenir en 1982 le musée de la Vie romantique.

À droite en sortant de l'allée, continuer la rue Chaptal jusqu'à la rue Blanche.

Autre salon, autre public : le beau porche sous une arche moulurée du n° 17 donnait accès aux réceptions de la tapageuse égérie des Parnassiens Nina de Villard. On y voyait beaucoup Verlaine mais aussi Jules Vallès, Anatole France, Charles Cros…

"Un peu d'humour, beaucoup d'horreur" : telle était la recette des spectacles qui firent la fortune du Grand Guignol de 1898 à 1962. C'est toujours un théâtre au fond de l'impasse du n° 20 bis, mais plus banal.

Tourner à droite dans la rue Blanche, jusqu'à la place Blanche.

On suit ici le vieux chemin qu'empruntaient jadis les carriers de Montmartre pour descendre leurs blocs de gypse jusqu'aux fours à plâtre situés près de la Seine. La poussière blanche de la pierre se déposait partout en chemin, et les noms des lieux en gardent le souvenir.

D'immenses panneaux lumineux, au bout de la rue, racolent déjà de leurs couleurs agressives les clients du boulevard de Clichy : un autre monde…

L'hôtel néo-Renaissance (n° 78) construit par Ballu pour lui-même et la façade du n° 73, toute décorée de fleurs, de signes du zodiaque et de noms de mois en latin, n'en paraissent que plus touchants avec leurs références surannées. Mais tout passe, puisque "Lili la Tigresse" qui fit les beaux soirs du n° 98 est devenu un local commercial.

Ary Scheffer.

Peintre romantique – et non des moindres – Scheffer résida près d'une trentaine d'années au 16, rue Chaptal, entre 1830 et sa mort. Son atelier fréquenté par Chopin, George Sand, Liszt, Rossini, Dickens… a été reconstitué tel que le découvraient les augustes visiteurs, avec sa verrière, son grand poêle et les nombreuses toiles du maître des lieux.

PARIS BUISSONNIER • PROMENADE 10

Au Lux Bar.

"Les feignants du Lux Bar,
les paumés, les horribles
Tous ceux qui, rue Lepic,
vienn'nt traîner leurs
patins...
Au Lux Bar, on s'retrouve
un peu comme en famille
L'poissonnier d'à côté,
çui qui vend du requin
Vient y boir' son whisky
parmi les joyeux drilles."

Bernard Dimey

Traverser la place Blanche et monter le premier tronçon, rectiligne, de la rue Lepic.

On salue du regard les ailes du Moulin Rouge, où Toulouse-Lautrec venait tous les soirs dessiner les habitués et les artistes, et on échappe à la concentration des sex-shops du boulevard pour trouver l'animation commerciale d'une rue-marché. Le Lux Bar, au n° 12, conserve derrière ses vitres biseautées un intérieur ancien apparemment inchangé avec un grand panorama peint sur céramique. Il vaut mieux s'y arrêter une autre fois et poursuivre la montée.

Prendre à droite la rue des Abbesses et tout de suite sur la gauche la rue Tholozé.

La pente est assez raide, mais quelle récompense de voir, dans l'axe, le Blute-Fin, un des deux seuls moulins conservés sur les treize qui jadis coiffaient Montmartre ! Le Studio 28, au n° 10, fait rêver les cinéphiles depuis 1928 : les œuvres d'Abel Gance, Buñuel, Léger y furent projetées… non sans risque, puisqu'en 1930, *L'Âge d'or* de Buñuel attira sur la salle le déchaînement de ligues extrémistes. Le hall d'entrée a été refait en 1988 par Alexandre Trauner, le génial décorateur de Marcel Carné. En haut des quelques marches qui terminent la rue, il faut souffler un peu et apprécier l'altitude conquise : on a déjà une belle vue plongeante sur Paris.

On retrouve la sinueuse rue Lepic qu'on prend à droite, jusqu'à la place Jean-Baptiste Clément.

Le moulin du Blute-Fin (n°s 75-77, rue Lepic), posé presque au sommet de la Butte en haut d'un jardin escarpé, existe depuis 1622 et n'a été associé qu'en 1834 à son voisin le Radet (n° 83) pour devenir, le dimanche, la guinguette où il faisait bon danser et boire à l'ombre des grands arbres – ce fameux Moulin de la Galette immortalisé par Renoir. Dans le parc privé qui l'entoure s'élève, non visible de la rue, la Mire du Nord du Méridien de Paris (1736), dont l'emplacement fut choisi par l'astronome Jean Picard. Les souvenirs surgissent à chaque pas : celui de Courteline est lié à la jolie maison du n° 89 et, au n° 110, celui de Jean-Baptiste Clément, le poète engagé, membre de la Commune et maire de Montmartre en 1871, dont *Le Temps des cerises* suffit à perpétuer la mémoire. Quelques cerisiers ont d'ailleurs été plantés au milieu de la place pentue qui porte son nom. On n'est pas encore au sommet mais il s'en faut de peu. Un pas plus lent permet d'imaginer, derrière le jardin et la maison du n° 7, le jeune Modigliani âgé de vingt-deux ans et déjà à bout de ressources, locataire entre 1906 et 1909 d'une remise minable où s'entassaient les toiles et les dessins. De discrètes restaurations ont rendu leur charme aux maisons des numéros pairs, mais on remarque surtout, après le n° 9, l'ancien château d'eau néo-Renaissance (1835) ; il n'est plus utilisé mais ses pilastres, sa grotte et ses naïades méritaient bien d'être conservés.

Les moulins de Montmartre.

Il ne reste, aujourd'hui, que deux moulins à Montmartre sur les treize (ou quatorze, avec le Moulin à Poivre, qui broyait non pas le blé mais les pigments de couleur) qui hérissaient la colline. Le premier, le Moulin Vieux, fut édifié en 1529 à hauteur du 75, rue Lepic et démoli trois siècles plus tard. Le XIXe siècle, et plus précisément le développement de la minoterie, fut en effet fatal aux moulins de la Butte.

La rue Norvins.

Vieille rue, attestée au XIe siècle comme un "chemin de charroy" reliant Montmartre à Paris, la rue Norvins fut longtemps nommée rue Traînée. Le sens de cette appellation est diversement interprété : piège à loups ou file de maisons.

À la claire fontaine.

La rue Girardon s'appelait encore au XVIIe siècle le chemin des Fontaines.

Arrivé rue Norvins, on se hâte de tourner le dos aux nombreux commerces qui, sur la droite, se pressent dans les parages du Sacré-Cœur, et on tourne à gauche.

La belle demeure néoclassique du n° 22 n'est pas banale. Cette "folie" construite au bon air dans un grand parc en 1774 devint la maison de santé où le célèbre docteur Blanche, à partir de 1820, soignait les tourments psychiques de nombreux malades mentaux. Gérard de Nerval y séjourna huit mois en 1841. De nos jours, la Ville de Paris qui en est propriétaire l'a aménagée, ainsi que ses dépendances, en Cité des Artistes ; mais on a préservé l'aspect sauvage d'une partie du terrain, tel qu'il était au XIXe siècle. À travers les grilles du n° 24, on peut s'en faire une charmante idée.

Juste avant le carrefour avec la rue Girardon, la rue s'élargit et devient place Marcel Aymé. Au n° 2 habitèrent plusieurs artistes, dont le célèbre romancier, que Jean Marais immortalisa en 1982 sous la forme du passe-muraille qui perce sans effort le mur de soutènement pour venir jusqu'à nous. C'est à regret qu'on paraît directif en indiquant un parcours. Pourquoi ne pas flâner entre les maisons anciennes et les arbres de l'impasse Girardon ? On y évoquerait Henri Laurens, Braque, Van Dongen, Gen Paul et tous ses visiteurs du dimanche : Céline, Arletty, tant d'autres…

Tourner à droite dans la rue Girardon.

On sent que les riverains y vivent entre eux, un peu oubliés par le tintamarre urbain : l'étroite venelle du n° 7 et, au n° 12, la porte obstinément fermée depuis des années du restaurant L'Assommoir ne sont pas faites pour encourager le trafic. On longe à gauche une des entrées du square Suzanne Buisson, aménagé dans l'ancien parc du château des Brouillards, tout proche ; selon la légende, saint Denis après son supplice aurait lavé sa tête dans une fontaine qui se trouvait là avant de poursuivre sa route vers le nord.

Après le n° 13, prendre à gauche l'allée des Brouillards. Elle se faufile entre le château, encadré par ce qui reste des frondaisons de son parc immense, et les pavillons édifiés au siècle dernier à la place des communs. Auguste Renoir vécut avec sa famille au n° 8 de 1890 à 1897. À la fin du siècle dernier, Steinlen, Poulbot, Duchamp-Villon, Van Dongen, tous des artistes sans le sou, squattaient le château abandonné tandis que des marginaux trouvaient refuge dans des baraques de fortune installées dans le parc devenu "le maquis". Le futur cinéaste Jean Renoir y découvrit le monde…

Descendre les marches de la place des Quatre Frères Casadesus et prendre la rue Simon Dereure très Art déco jusqu'à l'avenue Junot, où l'on tourne à droite.

Les immeubles des n°s 26 à 34, peu élevés, illustrent agréablement la modernité qui suivit la première guerre mondiale. L'hôtel particulier du n° 28 est signé Adolphe Thiers, l'architecte qui conçut aussi les immeubles pour artistes des n°s 36 à 36 ter, avec les effets sobres de leurs baies géométriques.

Arrivé place Constantin Pecqueur, tourner à droite et longer le square.

La statue de Steinlen honore ce dessinateur devenu Montmartrois, dont les illustrations et les affiches constituent une véritable chronique de la vie des humbles. Elle surplombe une vasque sans eau, et c'est dommage puisque jadis la "Fontaine du But" jaillissait ici.

Prendre à gauche, derrière le square, la rue Saint-Vincent jusqu'à la rue des Saules.

On dirait une ruelle de province, enfoncée entre les soutènements à rambardes de maisons modestes et le long mur du cimetière où reposent bien des Montmartrois célèbres. Au carrefour, on a la plus séduisante vue panoramique de Montmartre, avec les jolies maisons et les jardinets qui ont valu à la rue Saint-Vincent d'être célébrée en peinture, en poésie et en chanson, et la maison villageoise à l'enseigne du Lapin Agile qui devint le fameux cabaret d'Aristide Bruant ; de 1902 à 1914, le Père Frédé y accueillait toute la bohème autour de Carco, Mac Orlan ou Dorgelès. Quant au Clos Montmartre

Lapin farceur...
Avant d'être racheté par Aristide Bruant, le Lapin Agile appartint à Adèle Decerf, dont le sauté de lapin était une spécialité. C'est ce qui donna l'idée au dessinateur André Gill de composer une enseigne figurant un lapin bondissant d'une casserole. Bien vite le "lapin à Gill" devint le "Lapin Agile".

De l'église de la Trinité à la place des Abbesses

étagé sur la droite, il ne produit peut-être pas un très grand cru, mais donne lieu tous les ans, depuis 1934, à des vendanges très conviviales. Il est dominé par les jardins de la rue Cortot et, en fond de tableau, par le réservoir du château d'eau et les coupoles du Sacré-Cœur.

Tourner à droite dans la rue des Saules, monter jusqu'à la rue Cortot.
Autre site symbolique "incontournable" : la petite maison rose au coin de la rue de l'Abreuvoir, tableau fétiche d'Utrillo (1919), puisqu'il le rendit célèbre. En face, c'est le fond du parc de la rue Norvins.

Prendre à gauche la rue Cortot jusqu'à la rue du Mont Cenis.
Le charme est partout, mais plus encore au n° 12, quand le porche s'ouvre sur l'allée de la "maison de Rosimond", vieille de trois siècles. Avant de devenir le charmant musée de Montmartre en 1960, cette demeure et ses deux ailes avaient été au siècle dernier divisées en ateliers où logèrent beaucoup d'artistes : Renoir, qui y peignit *Le Moulin de la Galette*, et aussi Van Gogh, Gauguin, plus tard Suzanne Valadon et son fils Maurice Utrillo, Dufy, Poulbot, entre autres…

La rue du Mont-Cenis.
Berlioz vécut trois ans dans une maison au n° 22. Le compositeur écrivait à sa sœur en 1834 : "Nous allons dans huit jours habiter Montmartre, la montagne de Paris. Nous avons un petit appartement, un jardin et la vue de la plaine Saint-Denis pour 70 francs par mois. C'est beaucoup moins cher qu'ici et en une demi-heure on est à Paris."

PARIS BUISSONNIER • PROMENADE 10

Maison pour tous.

L'église Saint-Pierre n'a pas toujours été qu'un lieu de culte. Utilisée pour les besoins du télégraphe de Chappe en 1794, elle fut aussi investie en 1814 par les troupes russes. Elle devint encore un entrepôt de munitions durant la Commune.

Tourner à droite dans la rue du Mont Cenis et la suivre jusqu'à l'église Saint-Pierre.

Nous faisons donc quelques pas sur le chemin qui, dès le XIIᵉ siècle, filait vers le hameau de Clignancourt et l'abbaye de Saint-Denis. Un coup d'œil à droite en passant devant la rue Saint-Rustique : le temps l'a laissée à peu près telle que l'a connue – et peinte – Van Gogh. L'église Saint-Pierre est peut-être la plus ancienne de Paris. Au sommet de la Butte, elle a succédé en 1147 à de plus anciens sanctuaires où l'on vénérait depuis des siècles le martyre du premier évêque de Paris et sa marche légendaire de décapité jusqu'au lieu où il allait mourir, devenu Saint-Denis.

Les vicissitudes de l'histoire ne l'ont pas épargnée mais des transformations successives et une restauration récente l'ont gardée jusqu'à nous, avec son petit cimetière (à gauche) qui remonte à l'époque mérovingienne.

Continuer le trajet par la rue Saint-Éleuthère jusqu'aux escaliers de la rue Chappe.

Il était juste qu'Éleuthère et Rustique, tous deux compagnons de saint Denis, soient eux aussi honorés près du lieu où ils subirent le martyre. La rue courbe domine en belvédère le grouillement des toits parisiens : il est toujours impressionnant d'avoir une ville à ses pieds. Sur la droite, en contrebas, les arènes de Montmartre aménagées en 1984 sont la version actuelle du terrain communal aménagé en 1941 pour les "p'tits poulbots" du quartier.

Descendre les escaliers de la rue Chappe jusqu'à la rue Gabrielle.

"Les escaliers de la Butte sont durs aux miséreux", dit la chanson – et c'est vrai mais sans eux, pas de paysage montmartrois : peintres, photographes et cinéastes ne s'y sont pas trompés ! Sur la gauche, un curieux bâtiment, aux allures de casino balnéaire en haut et de forteresse vaguement mauresque plus bas, montre à travers ses baies vitrées l'activité de l'atelier Lacourière Frélaut, un des ateliers de gravure les plus appréciés des grands artistes, de Matisse à Soulages.

Prendre à droite la rue Gabrielle.

Le paysage n'a guère changé depuis le temps où Max Jacob abritait sa pauvreté géniale et sa gaieté héroïque au n° 17 (1912-1922). Après la rue du Calvaire, on voit un jardin escarpé et une maison étonnante, édifiée en 1905 dans le style Art nouveau. On la dit la plus haute de Montmartre : de quelle vue doit-on jouir par l'immense verrière du troisième étage ! Au n° 49, Picasso eut son premier atelier à Paris, en 1900.

Max Jacob.
"Sa maladresse à vivre le poussait dans des enfantillages. Il les prenait pour le comble de l'adresse et rien n'était plus drôle que son monocle qui lui faisait dire : *Je ressemble à un Rothschild, et ces gens qui me demandent où j'habite prennent la rue Gabrielle pour l'avenue Gabriel.*"
Jean Cocteau, 1945

Le Bateau Lavoir.
Les ateliers aménagés en 1889 dans ce qui aurait été à l'origine une fabrique de pianos accueillirent Picasso, Max Jacob, Mac Orlan, André Salmon et Modigliani. D'autres vinrent ensuite comme Van Dongen, Juan Gris ou Brancusi. Pourquoi ce nom ? Les explications s'emmêlent : Max Jacob l'aurait ainsi baptisé en y voyant sécher du linge. Mais André Salmon pourrait aussi être à l'origine du nom, lui qui retrouvait ici les sonorités d'un vrai bateau lavoir.

Suivre, dans le prolongement, la rue Ravignan jusqu'à la place Émile Goudeau.

Cette rue s'est longtemps appelée le Vieux chemin de Paris et serpentait entre les vignes et près des moulins. Sur la droite, au n° 1 de la rue d'Orchampt, les ateliers d'artistes perpétuent l'image du décor où naquirent, dans l'inconfort de constructions vétustes et misérables, les chefs-d'œuvre du cubisme et de ce qui deviendrait l'École de Paris. Hélas ! ce sont les seuls vestiges, après l'incendie de 1970, du Bateau Lavoir, ce phalanstère d'artistes où Picasso créa en 1907 le manifeste du cubisme, *Les Demoiselles d'Avignon*. Derrière l'entrée, 13, place Émile Goudeau, on a reconstruit comme avant, sur plusieurs niveaux en contrebas, des ateliers d'artistes. Sont-ils occupés par de nouveaux génies ? En tout cas la place est délicieusement "typique" avec ses pavés de granit, ses vieux réverbères et, sous les marronniers, les bancs de bois et la fontaine Wallace.

Descendre les marches et continuer la rue Ravignan.

On retrouve au n° 7 Max Jacob, grand ami et proche voisin de Picasso. Il y mena de 1907 à 1912 "une vie de privation et de souffrance", de quête spirituelle aussi. Dans l'axe de la rue s'encadrent les volumes néo-classiques du Théâtre de la Ville-les Abbesses, inauguré en 1996. Daniel Buren a décoré le pignon de la façade, et l'ensemble se fond sans peine dans le paysage urbain.

Prendre la rue des Abbesses à gauche, et la suivre jusqu'à la place.

L'église Saint-Jean de Montmartre, construite de 1894 à 1904, la domine de son volume aux lignes puissantes, adoucies par un réseau savant d'arcs et de courbes. Épris d'architecture gothique mais conscient des immenses possibilités du béton pour des constructions peu onéreuses, l'architecte Anatole de Baudot l'a utilisé avec audace et succès. Il l'habille ici de briques

rouges et de cabochons émaillés d'Alexandre Bigot, combinant au total avec bonheur les références musulmanes et le style Art nouveau.
Art nouveau encore, la bouche de métro conçue par Guimard en 1900. Plusieurs de ce type subsistent toujours dans Paris, mais celle-ci est une des très rares à avoir conservé au-dessus de sa balustrade à écussons la verrière supportée par de hautes tiges végétales. Avant de nous engouffrer dans ses profondeurs (- 30 m), nous lui devons bien un regard, qui pourra embrasser l'espace alentour, avec les arbres et les cafés.

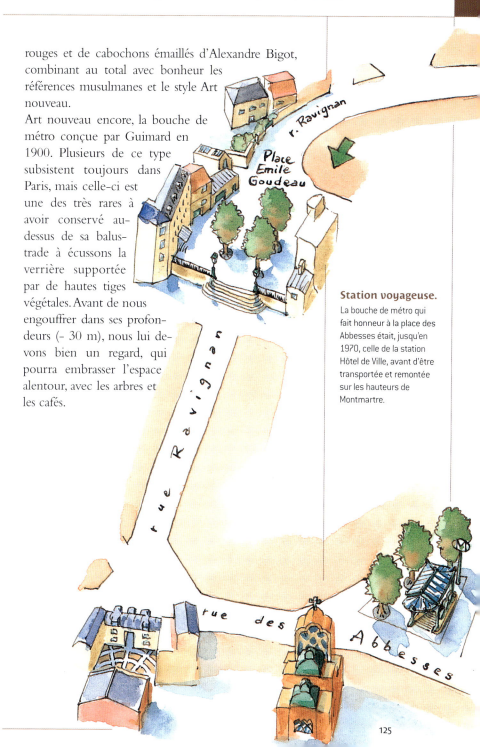

Station voyageuse. La bouche de métro qui fait honneur à la place des Abbesses était, jusqu'en 1970, celle de la station Hôtel de Ville, avant d'être transportée et remontée sur les hauteurs de Montmartre.

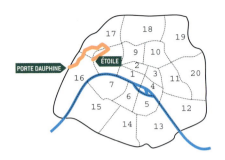

PROMENADE 11

DE L'ÉTOILE À LA PORTE DAUPHINE

N'importe quel Parisien saurait que l'avenue Foch conduit du premier lieu au second. Mais le promeneur refuse les évidences simplistes et il s'autorise au contraire de multiples détours. Voilà pourquoi il va, sur ce parcours, écorner le 8e arrondissement, sillonner longuement ce que les agences immobilières appellent "le bon 17e" et arpenter quelques artères huppées du 16e nord. Il aura ainsi l'occasion de se familiariser avec le style longtemps décrié de la IIIe République naissante, quand l'urbanisation spéculative a dévoré les domaines verdoyants qui existaient encore : son recours au pastiche, son attrait pour le décor profus et son goût évident pour "la belle ouvrage" qu'elle sut garder après 1900, dans sa capacité à accueillir l'Art nouveau. Donc, puisque cette promenade est surtout "minérale", peu importe de la faire en hiver si le temps est agréable.
Ce faisant, le promeneur aura parfois le sentiment de côtoyer un monde à part, celui de privilégiés soit de fraîche date, soit enracinés dans une opulence familiale séculaire. Il pourra se demander si le charme de la bourgeoisie est si discret que cela…

PARIS BUISSONNIER • PROMENADE 11

Gloire aux armées.
Quand Napoléon choisit en 1806 le sommet de la colline de Chaillot pour y édifier un arc à la gloire de sa Grande Armée, il n'y avait ici qu'une esplanade vide et les deux beaux pavillons d'octroi de Claude Nicolas Ledoux réunis par une lourde chaîne, en haut des Champs-Élysées (qui ne comptaient alors que six maisons). Il fallut trente ans et la volonté de Louis-Philippe pour que le monument conçu par Chalgrin – simple et démesuré avec ses 49 mètres de hauteur – soit achevé. Les meilleurs artistes du temps travaillèrent à son décor mais Rude fut le seul à réaliser un chef-d'œuvre, *La Marseillaise*. Dédié à la gloire militaire, il l'est aussi au souvenir patriotique et reste un lieu symbolique de l'identité nationale.

DÉPART place Charles de Gaulle, à l'angle de l'avenue Hoche.

À tout seigneur tout honneur : on ne saurait tourner le dos à l'Arc de triomphe ! Ce monument grandiose demandait une architecture d'accompagnement. Napoléon III en chargea Hittorff, qui créa les hôtels particuliers appelés à tort "hôtels des Maréchaux". Derrière leurs jardins identiques, ils délimitent une place noble de 240 mètres de diamètre, d'où sont bannis les commerces. Mais leur disposition fut décidée par Haussmann. En urbaniste avisé, celui-ci imposa en 1854 d'ouvrir cet ensemble prestigieux sur le tissu urbain qui n'allait pas manquer de se créer autour de lui ; il exigea de porter à douze les avenues symétriques qui forment l'étoile.

Suivre l'avenue Hoche jusqu'aux grilles du parc Monceau.

Les immeubles de l'avenue, tous "de prestige", ne sont ni très originaux pour les plus anciens, ni très convaincants pour les plus modernes, à une exception

près. Les nᵒˢ 36 et 34, deux exemples différents du style élégant des années 1930, n'en sont que plus remarquables. Au nᵒ 30, un immeuble plus récent présente une leçon de géométrie inattendue : devant ses terrasses sont alignés quatre volumes en fil métallique, une pyramide, une sphère, un cône et un cube.

En face, le Royal Monceau, actuellement en rénovation, est sans doute le dernier grand palace, dans la tradition de ceux qui firent la gloire du quartier des Champs-Élysées. Tout à côté (n° 33), la rigueur altière de Ricardo Bofill se reconnaît sur l'immeuble de Christian Dior. Ensuite, plusieurs hôtels particuliers se voient encore, dont certains, comme au n° 4 ter, ont subi des ajouts hideux. Celui du n° 15 a le charme d'un style suranné bien entretenu. Au n° 12 le très joli hôtel Renaissance appartint, à partir de 1878, à Albert et Léontine de Caillavet. Mme de Caillavet y tint un salon brillant fréquenté par les gens de lettres les plus en vue et accueillant aux dreyfusards. À droite, à l'angle de la rue de Courcelles, un important hôtel apparaît préservé d'arrangements intempestifs, et d'autant plus harmonieux.

La superbe grille aux dorures rutilantes forgée par Ducros semble filtrer l'accès à un degré supérieur du privilège, de la fortune, de l'excellence… c'est ce qu'illustre très vite le fabuleux hôtel d'Émile Menier (n° 5) construit par Parent de 1872 à 1876 et décoré par Dalou. La réussite exemplaire du chocolatier éclate dans les détails autant que dans l'ensemble.

La folie Beaujon.
Comment ne pas évoquer, quand on traverse la rue Beaujon, le richissime banquier de la Cour, mort en 1786, dont le domaine s'ornait d'une "folie" somptueuse où maison, chapelle, dépendances et pavillons rivalisaient d'invention, de luxe et de goût ? Tout ce quartier est né du démembrement progressif au XIXe siècle de l'immense propriété dont il ne reste presque rien, sinon l'hospice qu'occupe un conservatoire municipal rue du Faubourg Saint-Honoré.

129

La plaine Monceau.
Le boulevard de Courcelles marque l'enceinte des Fermiers généraux et son octroi impopulaire. Au-delà du "mur murant Paris" qui subsista jusqu'en 1859, la plaine Monceau s'offrait à l'urbanisation méthodique et à l'activité des promoteurs. Finies les guinguettes et les cultures maraîchères !
Voilà pourquoi tout ce quartier porte la marque, unique à Paris, d'une création réalisée en une quarantaine d'années par les meilleurs architectes du moment. Il répond au goût du temps, où la richesse revendiquait de se montrer quand elle ne prenait pas l'alibi d'un retour historicisant de ces époques rêvées.

Traverser le parc Monceau en suivant l'allée de la Comtesse de Ségur.

Nous venons de pénétrer sur le territoire d'une autre folie, presque aussi vaste que celle de Beaujon et à peine plus ancienne qu'elle : celle du duc de Chartres, cousin de Louis XVI et père de Louis-Philippe, qui allait passer à l'histoire sous le nom de Philippe-Égalité. Là encore, le pavillon fut rasé après la Révolution et le parc à l'anglaise dessiné pour le plaisir et la fantaisie avec pelouses et cascades, fausses ruines et "fabriques" exotiques, jardins d'hiver et serres chaudes, finit par être vendu, pour plus de la moitié ; en 1860, le banquier Pereire acheta le résultat de cette mutilation, pour un grand programme immobilier. En 1863, Napoléon III inaugurait la promenade publique qu'était devenu le parc, aménagée par l'ingénieur Alphand telle qu'elle est de nos jours. Quelques statues jalonnent l'allée principale dite de la Comtesse de Ségur : Alfred de Musset et sa muse, puis Ambroise Thomas et son

héroïne Mignon, près de la grotte. Mais avant de croiser l'allée transversale, on peut admirer sur la droite un splendide hêtre pourpre, l'un des plus beaux arbres du parc. Cette allée perpendiculaire, dite avenue Ferdousi, aboutit à gauche à la Rotonde de Chartres, néoclassique, une des rares œuvres existant encore de l'architecte génial et maudit Claude Nicolas Ledoux. Il avait été chargé de créer les pavillons d'octroi pour l'enceinte des Fermiers généraux décidée en 1784. Celle-ci passait le long de la propriété (donc sur le boulevard de Courcelles actuel) mais à cet endroit, pour l'agrément de la vue, Ledoux avait remplacé le mur par un fossé et prévu un poste d'observation. Quelques spécimens dérisoires ou touchants de ruines accumulées dans le parc se trouvent sur notre passage : une pyramide, des fragments de tombeaux, un pont Renaissance, une arcade rescapée de l'ancien Hôtel de Ville… Mais le tableau formé par le bassin ovale de la Naumachie, la colonnade qui le borde et les abondants feuillages qui l'entourent remporte tous les suffrages des amateurs de paysages composés.

À l'angle du parc et de l'avenue Velasquez (n° 7), le musée Cernuschi a été offert à la Ville de Paris en 1896 par Henri Cernuschi. Ce financier richissime (faut-il le préciser) y accumula les œuvres d'art d'Extrême-Orient amassées lors de ses voyages en Chine et au Japon. Il voisinait avec un autre mécène, au n° 5 : Chauchard, fondateur des Grands Magasins du Louvre, qui légua au musée du Louvre toute sa collection de tableaux du XIX siècle.

En sortant de l'avenue Velasquez, tourner à gauche dans le boulevard Malesherbes.

Chez Cernuschi.

"Le riche collectionneur a donné à sa collection le milieu à la fois imposant et froid d'un Louvre… Au milieu de ces murailles blanches, sur le ton de brique en honneur dans nos musées, ces objets de l'Extrême-Orient semblent malheureux ; on dirait qu'un mauvais génie les a transportés dans un palais imaginé par le goût à la fois grandiose et bourgeois d'un actionnaire du siècle."
Journal des Goncourt, 1875

Suivre le boulevard Malesherbes jusqu'à la place du Général Catroux.

Au n° 2, l'immeuble qui fait l'angle avec le boulevard est un exemple éloquent du style néo-Renaissance qui fit fureur dans les parages ; autre illustration du même style au n° 14 datant de 1878. Mais le "clou" de la place est sans conteste en face, au n° 1, l'hôtel Gaillard construit la même année par Jules Février. C'est un pastiche assez libre mais très réussi d'une aile du château de Blois, somptueusement meublé pour son premier propriétaire, Émile Gaillard, régent de la Banque de France. Cette vénérable institution en est propriétaire depuis 1919.

Juste en face, la statue de Sarah Bernhardt est un hommage sans grâce à cette actrice mythique. En revanche, le vis-à-vis des deux monuments à la gloire des Dumas, père et fils, est plus intéressant.

Paris s'agrandit.
En traversant la rue de Prony, on voit, à gauche, la Rotonde qui était située sur le mur des Fermiers généraux (1787) et, à droite, le clocher de Sainte-Odile en un lieu où passaient les fortifications de Thiers (1860).
De l'enceinte des Fermiers généraux à l'annexion des terrains jusqu'aux "fortifs", on peut apprécier l'extension de Paris.

Derrière ce monument, prendre l'avenue de Villiers et tourner à gauche dans la rue Fortuny ; la suivre jusqu'à la rue de Prony.

Presque tous les hôtels particuliers de la rue Fortuny méritent l'attention, mais il serait impardonnable de ne pas détailler celui du n° 42, construit en 1879 par Bolland pour le maître verrier Ponsin. La façade ne possède malheureusement plus les superbes vitraux qui l'ornaient jusqu'au balcon. Mais au-dessus, les cariatides – souvenir de Jean Goujon –, le fronton et le portrait de Bernard Palissy en médaillon sont hautement décoratifs. En face, à la place du n° 37 et d'une partie du n° 35 (très travaillé, datant de 1885), s'élevait l'hôtel où vivait et sculptait Sarah Bernhardt jusqu'à ce que la ruine la contraigne à tout vendre, maison et décors.

D'autres reines de l'époque furent ses voisines dans deux hôtels très différents construits en même temps par le même architecte : la comédienne Geneviève Antelme au n° 29 et, au 27, la belle Otéro. Plus proche de nous, Marcel Pagnol a habité de 1933 à 1950 la maison du n° 13, au joli décor de mosaïque. La décoration du n° 8 imite une maison normande du XVᵉ siècle. Lorsque la propriétaire s'y installa, elle loua sa maison précédente du n° 2 à Edmond Rostand. C'est dans cette demeure, modeste comparée à ses voisines, que le poète écrivit à vingt-neuf ans *Cyrano de Bergerac*.

Traverser la rue de Prony et continuer dans la rue Médéric.
C'est en briques rouges qu'a été construite au n° 20 (1935-1936) l'École hôtelière créée par le grand restaurateur Jean Drouant. La haute entrée en verre cannelé et motifs de ferronnerie atteste la recherche de l'élégance.
Un tout autre univers nous est suggéré avec la façade et la cour de l'Église suédoise (1911) au n° 9. Construite en brique foncée dans le style nordique, elle s'ouvre par trois arcades qui évoquent un cloître ; sa rigueur est une attitude d'esprit.

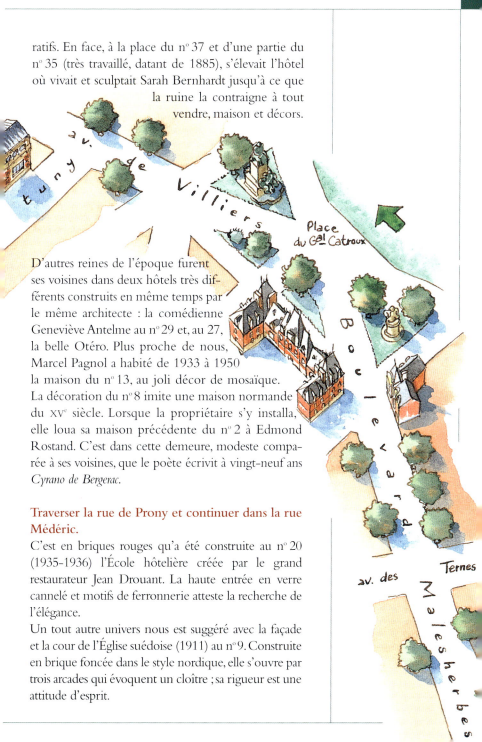

PARIS BUISSONNIER • PROMENADE 11

Philippe Cardinet.
La rue Cardinet évoque, indirectement, le temps où Monceau s'orthographiait encore Monceaux et n'était guère qu'un modeste village. La rue a en effet hérité du nom d'un marchand de vin local, marguillier de la paroisse en 1776.

Prendre la rue Léon Jost à droite, jusqu'à la rue Cardinet.
Occupant l'angle et ouvrant au n° 12, un bel hôtel classique marie brique et pierre de taille. A travers la grille on aperçoit au fond de la cour sous un portique une charmante frise en bas-relief de naïades ou baigneuses. Gervex, le peintre de la bourgeoisie parisienne dans les années 1900, habita ici en 1910.

Rue Cardinet, tourner à gauche et suivre cette rue jusqu'à l'avenue de Wagram.
Le grand immeuble Art nouveau sur lequel vient buter la rue Léon Jost fait partie d'un important programme immobilier (1907) dont les plus beaux fleurons occupent l'angle des rues Cardinal-Courcelles-Jouffroy. C'est une réussite très originale de l'architecte Théo Petit. À toute heure, la lumière joue sur cette façade mouvante et inonde les pièces aux grandes verrières.

Traverser l'avenue de Wagram et prendre la rue Poncelet, dans le prolongement de la rue Cardinet.
Désormais nous sommes sur le territoire des Ternes, une annexe de Neuilly urbanisée depuis le XVIIe siècle autour du domaine du "château des Ternes". Hélas, aux siècles suivants, le parc est morcelé et livré à la spéculation immobilière qui s'en empare autant pour des fabriques

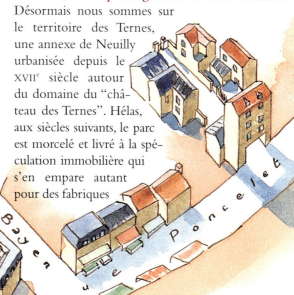

134

De l'Étoile à la porte Dauphine

que pour des habitations. Après l'avenue de Wagram, le genre résidentiel "haut de gamme" rencontré jusqu'ici ne domine pas de manière aussi flagrante dans les rues où nous allons passer. C'est le cas rue Poncelet, première rue commerçante de la

promenade, qui était au XVIIIe siècle un tronçon du chemin reliant les Ternes à l'abbaye des Dames de Montmartre.

Tourner à droite dans la rue Bayen, et la suivre jusqu'à la rue Pierre Demours.

Tout d'abord l'ambiance active de la rue Poncelet se prolonge, mais cela ne dure pas et, après le n° 6, la place Boulnois apparaît provinciale, presque naïve. Avant l'avenue Niel on longe l'arrière de la FNAC qui occupe les anciens Magasins Réunis. Sur la partie suivante de la rue Bayen, assez tranquille, on salue au passage la contractuelle qui verbalise avec application au n° 29. C'est un hôpital de jour qui occupe au n° 24 le charmant hôtel romantique qu'on entrevoit derrière une sévère clôture.

On arrive enfin près de l'édifice qui charme et intrigue depuis le début de la rue : aux n°s 17-19 de la rue Pierre Demours, un portail de belle allure, une petite pelouse et ce très élégant corps de logis XVIIIe siècle percé en passage sont les seuls vestiges du fameux château des Ternes.

Feu le château des Ternes.

Malgré la restauration dont ils ont fait l'objet dans les années 1960, les vestiges du château des Ternes ne peuvent plus nous donner l'idée de la demeure vaste, élégante et richement décorée qu'il était vers 1740. Et la petite pelouse est un mouchoir de poche à côté du parc sur lequel, pratiquement, s'est construit le quartier au fur et à mesure qu'il était dépecé et vendu par parcelles. C'est d'ailleurs à des fins purement spéculatives que le propriétaire Lenoir avait fait percer son château en 1781 pour prolonger la rue Bayen.

Prendre la rue Pierre Demours à gauche et la suivre jusqu'à l'avenue des Ternes.

On retrouve, comme ailleurs dans ce quartier, le voisinage des styles fin de siècle, Art nouveau ou Art déco, et la juxtaposition d'immeubles locatifs et de maisons particulières ; celles des n°s 8 et 4, en retrait de la rue, ont un charme douillet assez parlant. Qui se souviendra que l'ensemble résidentiel du n° 7 a pris la place d'un cinéma de quartier construit jadis par les ateliers d'Eiffel ?

Traverser l'avenue des Ternes et prendre la rue Saint-Ferdinand à droite de l'église, jusqu'à la place du même nom.

L'église Saint-Ferdinand (1938-1944) se dresse en bordure de l'avenue qui forme l'axe majeur du quartier après avoir été l'ancienne route du Roule à Saint-Germain-en-Laye. Ses références à l'art roman et la force de sa façade-clocher en font un exemple original d'art sacré à Paris. Dans la rue Saint-Ferdinand, après la cité Ferenbach (n° 21) où s'alignent de jolies maisons mansardées ocre et roses, cela vaut la peine, si le portail du n° 25 est ouvert, de jeter un œil dans la cour, où demeure en place la configuration classique d'une hôtel particulier Napoléon III (1863) : des communs bas sur le côté, les remises pour les attelages surmontées des logements du personnel, près de la rue la maison de maître avec son perron, ses sculptures et l'accès au service en sous-sol derrière.

Pronostic.

"À l'école de la rue Saint-Ferdinand, je remportai quelques succès, j'avais encore une bonne mémoire. J'obtins des prix, parmi lesquels une histoire illustrée de Napoléon, rien ne pouvait m'être plus agréable : j'étais passé au bonapartisme. Un jour que ma mère était venue me chercher, mon nouveau maître, M. Hervaux la prit en particulier et lui déclara :
— Madame, votre fils est un futur grand homme. Il s'est mépris."

Henri Calet
Le Tout sur le tout,
1948

De l'Étoile à la porte Dauphine

L'intérêt majeur de la place Saint-Ferdinand est la statue kitsch qui trône au centre. Elle immortalise Léon Serpollet, un pionnier de l'automobile qui put atteindre 120 km/h avec sa voiture fonctionnant à la vapeur d'eau. Figer dans la pierre des tourbillons de vapeur était très risqué ; le sculpteur Boucher n'a pas craint de le tenter (en 1911), avec un résultat contestable. Moins périlleuses mais très réussies, les sculptures du genre rocaille du majestueux immeuble de 1903 qui domine la place (n° 28).

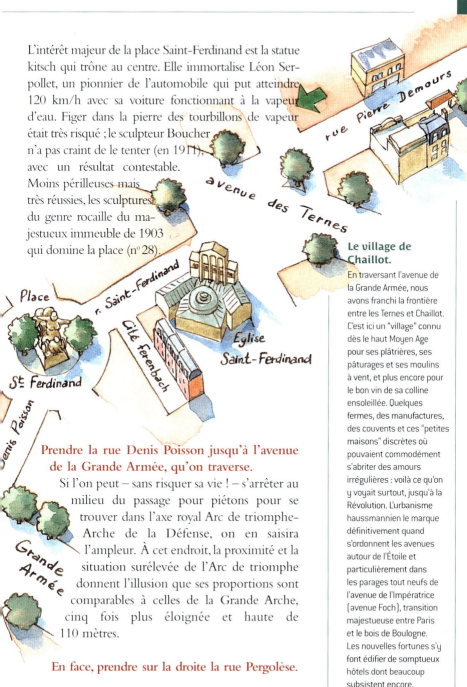

Le village de Chaillot.

En traversant l'avenue de la Grande Armée, nous avons franchi la frontière entre les Ternes et Chaillot. C'est ici un "village" connu dès le haut Moyen Age pour ses plâtrières, ses pâturages et ses moulins à vent, et plus encore pour le bon vin de sa colline ensoleillée. Quelques fermes, des manufactures, des couvents et ces "petites maisons" discrètes où pouvaient commodément s'abriter des amours irrégulières : voilà ce qu'on y voyait surtout, jusqu'à la Révolution. L'urbanisme haussmannien le marque définitivement quand s'ordonnent les avenues autour de l'Étoile et particulièrement dans les parages tout neufs de l'avenue de l'Impératrice (avenue Foch), transition majestueuse entre Paris et le bois de Boulogne. Les nouvelles fortunes s'y font édifier de somptueux hôtels dont beaucoup subsistent encore.

Prendre la rue Denis Poisson jusqu'à l'avenue de la Grande Armée, qu'on traverse.

Si l'on peut – sans risquer sa vie ! – s'arrêter au milieu du passage pour piétons pour se trouver dans l'axe royal Arc de triomphe-Arche de la Défense, on en saisira l'ampleur. À cet endroit, la proximité et la situation surélevée de l'Arc de triomphe donnent l'illusion que ses proportions sont comparables à celles de la Grande Arche, cinq fois plus éloignée et haute de 110 mètres.

En face, prendre sur la droite la rue Pergolèse.

PARIS BUISSONNIER • PROMENADE 11

Debout !

La façade du n° 46 de la rue Pergolèse présente un gag inattendu, en quatre sculptures superposées : un coq qui chante, un visage qui maugrée, un autre serein et le dernier souriant, les yeux vers le ciel. Y eut-il un réveil-matin importun dans les parages ? Il n'aurait pas empêché des générations de célébrités d'élire domicile à la villa Dupont : depuis le virulent journaliste Henri de Rochefort à la sœur du shah d'Iran en passant par Raymond Poincaré, Isadora Duncan, Sacha Guitry ou Jacques Becker, et tant d'autres…

Traverser l'avenue de Malakoff et continuer la rue Pergolèse jusqu'au bout.

Après l'avenue de Malakoff, la rue devient l'axe d'un secteur luxueux, très protégé par grilles et digicodes ; on ne voit que de loin les hôtels de la rue Berlioz, puis de la villa Dupont et au bout de la rue, de la villa Saïd. La rue Weber, en revanche, laisse contempler ses maisons et ses jardinets réfugiés derrière des grilles identiques : le comble du luxe ne serait-il pas de s'abriter derrière le seul rempart de la distinction ? Le ravissant hôtel particulier du n° 45, néo-Renaissance, ne craint pas au contraire d'étaler ses balcons arrondis à riches godrons – mais il garde jalousement son jardin à l'abri des regards. L'ostentation du porche suivant (n° 47) n'est pas à souligner. Un bel immeuble d'angle au n° 51 atteste le goût prononcé de son architecte, Boussard, pour les citations du style Renaissance (1896). La rue Lalo a remplacé une arène pour corridas qui avait été aménagée

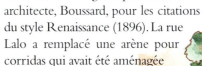

lors de l'Exposition universelle de 1889, sans succès durable. On sut la laisser large et claire, on s'adonna aux séductions raffinées de l'Art nouveau (l'immeuble du n° 5 date de 1906), qui s'expriment aussi sur l'immeuble d'angle (n° 64, rue Pergolèse) et lui valurent d'être primé au concours de façades de 1909. La pierre de taille et le classicisme de bon ton de la Délégation générale du Québec (n° 66) souligneraient-ils, de la part de la "belle province", des affinités avec une

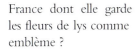

France dont elle garde les fleurs de lys comme emblème ?

Tourner à droite dans l'avenue Foch, qu'on suivra jusqu'au bout par la contre-allée.
Sur cette courte portion, nous n'aurons pas trop à déplorer le conformisme ou la prétention de la plupart des immeubles récents qui banalisent l'aspect – mais non les prix – du patrimoine immobilier de l'avenue Foch. Sa beauté d'antan n'avait rien de monotone : que l'on compare l'opulence surchargée de l'hôtel particulier construit par Armand Pollet en 1888 au n° 66-68 et le pastiche très élégant du style classique au n° 72, qui ne déparerait pas dans le voisinage du Trianon. L'avenue se termine en beauté avec l'hôtel particulier de Louis Renault au n° 90. C'est une belle demeure 1900, de style classique, mais isolée du trottoir par un vaste jardin dérobé à nos regards. Le grand constructeur automobile doublait ainsi les signes évidents de sa réussite.

Dernier cadeau du lieu, avant de décider que la promenade est finie : la perspective célèbre de l'avenue, telle l'allée aux arbres centenaires d'un parc immense, et l'Arc de triomphe sous un angle qui l'embellit, grandiose point d'orgue de la gloire.

Station Porte Dauphine.
Comme le piéton est aussi un usager des transports en commun, il trouvera avec bonheur, ici, la station de métro Porte Dauphine. Elle date de 1902, et c'est la plus belle qui nous soit restée de toutes celles qu'avait créées Hector Guimard, avec le souci de mêler l'Art nouveau au décor quotidien de la population parisienne. Les pentes de la verrière imitent les ailes d'un papillon grâce à leur orientation inversée qui empêche la pluie de s'écouler sur les passants ; les panneaux de lave émaillée finement ornés en camaïeu de tiges entrelacées méritent bien un regard.

Cette promenade est une déambulation patiente à travers le 16ᵉ sud, de la pointe d'Auteuil aux premières pentes de Passy ; elle conviendra mieux aux fureteurs qui prennent leur temps qu'aux piétons désireux de marcher d'un bon pas. Nous nous trouvons ici dans un quartier étrange qui fut longtemps une campagne, jamais vraiment une banlieue, avant de subir une urbanisation définitive presque toujours à vocation résidentielle. Les vestiges de son premier état se raréfient ; mais il en reste, et de charmants, qu'il faut rechercher avant qu'il ne soit trop tard.

Si ce quartier a la réputation de s'en tenir douillettement à ses traditions et à ses certitudes, il surprend le promeneur par la diversité, et parfois l'audace, des réalisations architecturales dont il est le décor depuis un siècle : les noms les plus marquants de tous les styles de l'école française y ont laissé leur signature. Et certains sites encore en devenir permettent d'espérer sans illusion que, pour le meilleur et non le pire, l'échantillonnage n'est pas clos.

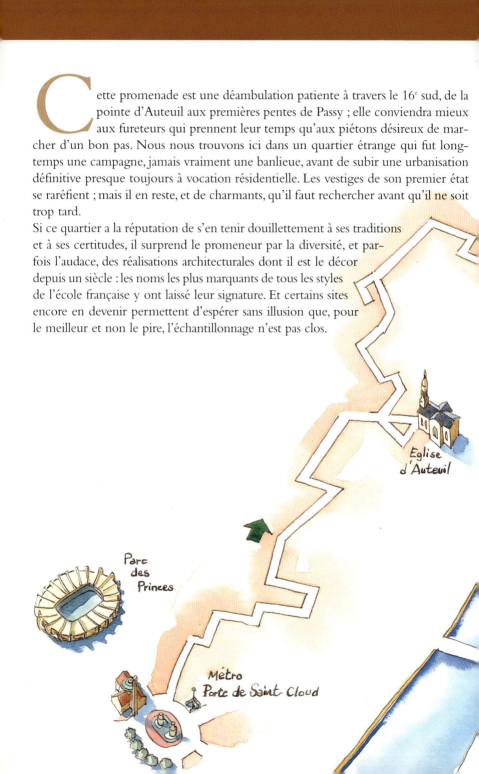

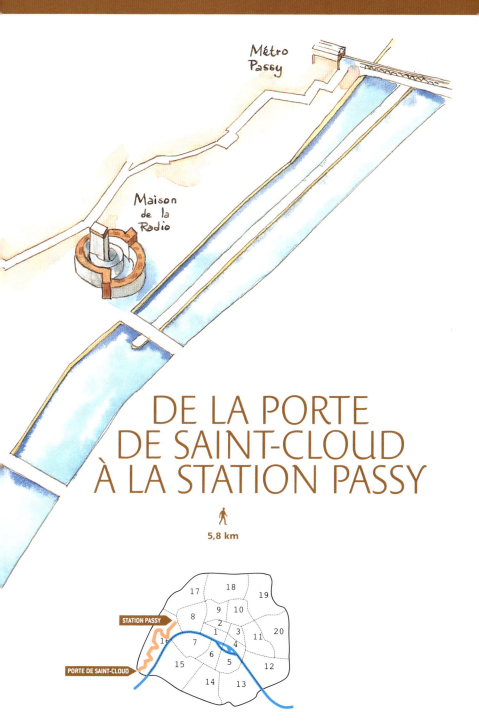

Place de la porte de Saint-Cloud.

Cette belle place, point nodal du trafic entre Paris et la banlieue ouest, n'est trop souvent considérée que comme une annexe de l'échangeur tout proche avec le périphérique. Pourtant, les deux tours-fontaines sculptées par Landowski symbolisant Paris et la Seine sont dignes d'intérêt, surtout le soir, quand elles ruissellent à la fois d'eau et de lumière. L'église Sainte-Jeanne de Chantal ne fut terminée qu'après la dernière guerre pendant laquelle elle fut bombardée. Mais, des années 1930 où elle fut commencée, elle garde la simplicité de sa décoration de style romano-byzantin dont on aimait alors à s'inspirer.

DÉPART place de la porte de Saint-Cloud. Prendre la rue Michel-Ange jusqu'à la rue Parent de Rosan.

Cette rue relie la pointe sud du 16e au cœur même d'Auteuil qui fut un vrai village et l'est un peu resté malgré les transformations. Beaucoup d'immeubles des années 1930 jalonnent le début du parcours (n°s 131, 125-127, 110). Si on les compare à celui du n° 114 (1951), on mesure l'appauvrissement de la façade et la diminution de la hauteur des étages. La rue Parent de Rosan nous montre le premier vestige du vieil Auteuil : le mur clôturant le cimetière créé en 1800 pour remplacer celui qui entourait l'église.

Suivre la rue Parent de Rosan jusqu'à l'avenue de la Frillière, et emprunter celle-ci jusqu'à la rue Claude Lorrain.

On se sent d'emblée dans un secteur plus intime, où subsistent des maisons individuelles charmantes, en particulier autour du hameau Michel-Ange (à droite). Presque en face, le nom d'avenue est bien excessif pour la voie étroite, bordée de maisons basses et souvent modestes, où l'on a envie de ralentir le pas. Avec l'ancienne école du Sacré-Cœur au n° 9-11, nous rencontrons, pour la première fois dans cette promenade, une réalisation de Guimard (1895). La place étant chichement mesurée, l'architecte s'inspira des théories de Viollet-le-Duc pour privilégier la fonction du bâtiment ; il construisit les étages en encorbellement sur des poutres de fonte soutenues par des colonnes obliques. Il créait ainsi un préau pour les enfants et une cour entre la rue et les classes. C'est une des premières œuvres de Guimard, déjà marquée par l'Art nouveau dans la forme des fenêtres et le décor des poteaux.

Tourner à droite dans la rue Claude Lorrain, qu'on suivra jusqu'à la rue Boileau.
Cette rue tranquille, ancien chemin du cimetière, aligne sur notre droite toute une suite serrée de maisons particulières plutôt bourgeoises. Au n° 16, la chapelle Sainte-Geneviève, siège de la Mission catholique polonaise de Paris, se cache derrière un portail banal. Autre surprise : dans le renfoncement formé à droite par l'avenue Georges Risler, une petite maison abrite une église orthodoxe russe. Mais là, on est surtout attiré par les chemins étroits, intimes, qui desservent les maisons ouvrières du lotissement appelé la villa Mulhouse.

Tourner à gauche dans la rue Boileau, qu'on suit jusqu'au boulevard Exelmans.
Nous retrouvons Guimard au n° 77 avec une façade Art nouveau très raffinée, avec des lianes discrètes sur les balcons de fonte, des sculptures légères, et rehaussée de carrelages irisés de grès bleuté. La tranchée du boulevard Exelmans interrompt notre parcours.

La villa Mulhouse.
Ces maisons de poupée sont dues à l'initiative d'Émile Cacheux en 1882, pour rééditer dans ce quartier populaire et industrieux du Point du Jour ce que le filateur de Mulhouse, Jean Dollfus, avait réalisé à partir de 1835 pour loger décemment ses ouvriers. Inutile de préciser que les bénéficiaires de ce paternalisme éclairé ont cédé la place à une population plus aisée, qui préserve avec soin le charme indéniable du lieu.

Le hameau Boileau.

Il n'est qu'une partie de la propriété que Boileau possédait à Auteuil ; c'est d'ailleurs au n° 26 que se trouvait la maison où il vécut presque vingt-cinq ans, y recevant souvent son ami Racine, et bien d'autres. Plus tard, Hubert Robert vécut ici à son tour. Vendue, démembrée, la propriété s'émietta en plusieurs mains. Ce qui devait s'appeler le "hameau Boileau" fut créé par l'architecte Charpentier en 1838 : c'est un parc privatif où un réseau d'allées distribue les maisons "de campagne" faites pour le confort et la fantaisie plus que pour le ton classique. Ce genre de lotissement, qu'il s'appelle hameau ou villa, est assez fréquent dans le 16e arrondissement, mais ces campagnes à la ville, recherchées depuis un siècle par les amateurs de calme, sont des enclaves privées le plus souvent interdites à nos intrusions.

Tourner à droite au boulevard Exelmans, puis à gauche dans la rue Chardon-Lagache et encore à gauche dans la rue de Musset.

Ce crochet nous vaut de passer devant l'atelier de Carpeaux au n° 39 – reconstitué ici par sa veuve pour présenter ses œuvres. Deux d'entre elles, ou plutôt leurs copies, ornent les niches qui encadrent la grande verrière centrale. La rue de Musset garde au n° 22 le laboratoire d'aérodynamique de Gustave Eiffel, installé ici en 1911, où l'ingénieur étudiait divers aspects de la résistance de l'air.

Tourner à droite dans la rue Boileau et la suivre jusqu'à la rue Molitor.

Cette partie de la rue est une des plus charmantes de la promenade. Dès le n° 62-64, l'ambassade du Vietnam (1977) accroche l'intérêt. L'architecte Vo Thanh Nghia a voulu y concrétiser la synthèse de la modernité et de la tradition vietnamienne : à la première il emprunte le béton et le revêtement en céramique blanche, à la seconde les toits en pagode et l'abondance de la végétation.

Au n° 42, le regard doit franchir deux clôtures pour admirer le joli fronton sculpté d'une demeure de charme. Le flâneur est ramené à une époque plus proche devant l'ambassade d'Algérie au n° 40. Cet hôtel de 1907, dû à Richard et Audiger, illustre les débuts du recours moderne au béton armé pour libérer au maximum l'espace intérieur. Le revêtement de céramique flammée très élégant accuse les points forts de la structure.

Bien préservé derrière ses grilles et site classé depuis 1970, le hameau Boileau (n° 38) nous est probablement inaccessible. Derrière les glycines du n° 34, l'hôtel Roszé (1891) est la première œuvre de Guimard parvenue jusqu'à nos jours. En disciple de Viollet-le-Duc, il laisse parler sur la façade les fonctions internes de la maison grâce à la géométrie des décrochements, à la forme des ouvertures et aux divers matériaux utilisés.

De la porte de Saint-Cloud à la station Passy

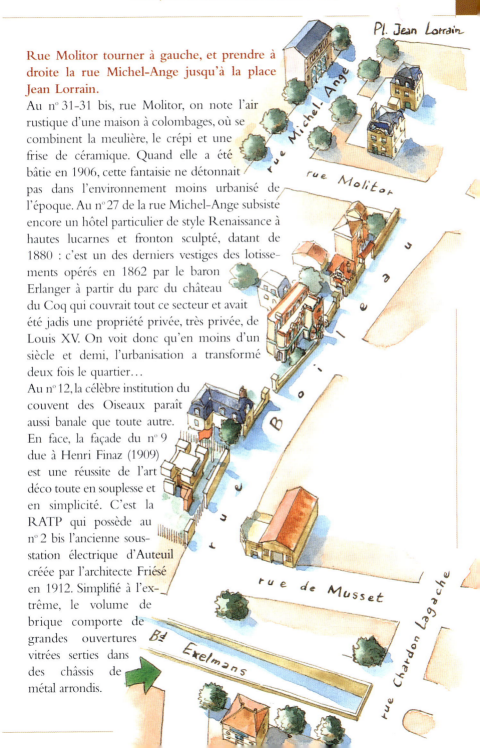

Rue Molitor tourner à gauche, et prendre à droite la rue Michel-Ange jusqu'à la place Jean Lorrain.

Au n° 31-31 bis, rue Molitor, on note l'air rustique d'une maison à colombages, où se combinent la meulière, le crépi et une frise de céramique. Quand elle a été bâtie en 1906, cette fantaisie ne détonnait pas dans l'environnement moins urbanisé de l'époque. Au n° 27 de la rue Michel-Ange subsiste encore un hôtel particulier de style Renaissance à hautes lucarnes et fronton sculpté, datant de 1880 : c'est un des derniers vestiges des lotissements opérés en 1862 par le baron Erlanger à partir du parc du château du Coq qui couvrait tout ce secteur et avait été jadis une propriété privée, très privée, de Louis XV. On voit donc qu'en moins d'un siècle et demi, l'urbanisation a transformé deux fois le quartier…

Au n° 12, la célèbre institution du couvent des Oiseaux paraît aussi banale que toute autre. En face, la façade du n° 9 due à Henri Finaz (1909) est une réussite de l'art déco toute en souplesse et en simplicité. C'est la RATP qui possède au n° 2 bis l'ancienne sous-station électrique d'Auteuil créée par l'architecte Friésé en 1912. Simplifié à l'extrême, le volume de brique comporte de grandes ouvertures vitrées serties dans des châssis de métal arrondis.

PARIS BUISSONNIER • PROMENADE 12

Place Jean Lorrain, prendre à droite la rue d'Auteuil jusqu'à la rue du Buis.

La partie de la rue d'Auteuil qui va vers l'église est toujours la rue centrale, où l'on se croise "entre gens d'ici", un peu comme en certaines provinces. Un parfum d'antan s'attache à la façade, remaniée et bien serrée autour de sa cour-jardin, de l'hôtel de Verrières aux nᵒˢ 43-47.

Au nᵒ 40, on constate que le nom d'une chaîne de restaurants semble une meilleure enseigne que celle de l'Auberge du Mouton blanc où Molière venait souvent en voisin, y amenant ses amis Boileau, Racine, La Fontaine… Détail devenu bien rare : la lucarne à crochet, au nᵒ 19, par où on pouvait hisser au grenier les sacs de grains et les ballots de foin pour les chevaux. La rue s'évase en placette et, au fond d'une cour d'honneur très IIIᵉ République, le pavillon central du lycée Jean-Baptiste Say (nᵒ 11) n'est autre que le château Ternaux, riche demeure du XVIIIᵉ siècle.

Prendre la rue du Buis, tourner à gauche vers la rue Verderet et la place d'Auteuil.

C'est encore une ambiance provinciale que l'on trouve rue du Buis, en passant devant les jolies maisons basses du XVIIIᵉ siècle. La petite rue Verderet conduit à la place d'Auteuil, complètement disparate et tellement attachante ! L'actuelle église, construite de 1877 à 1880 pour répondre aux besoins d'une population décuplée en vingt ans, est au même endroit que la première édifiée au XIVᵉ siècle. Sa

L'hôtel de Verrières.

Construit en 1715 pour une cantatrice, l'hôtel fut le décor de fêtes brillantes données par les deux comédiennes qui l'habitèrent ensuite et dont les succès à la ville étaient encore plus ravageurs que sur les planches. L'une d'elles, maîtresse du maréchal de Saxe, eut de lui une fille qui fut la grand-mère de George Sand.

façade s'inspire du style roman mais on remarquera que son clocher n'est pas sans rappeler ceux du Sacré-Cœur. En face, c'est la cacophonie des monuments et des styles avec la station de métro de Guimard (1913) et l'obélisque de porphyre rose élevé sous Louis XV "aux mânes de d'Aguesseau". Derrière ce dernier, un immeuble de 1936 recouvert de grès jaune contraste, non sans talent, avec son environnement.

Prendre la rue d'Auteuil jusqu'à la rue des Perchamps.
Au n° 4, un haut portique rouge vif crée, depuis 1953, un accès monumental à la modeste annexe de l'église paroissiale. À côté, un joli immeuble Second Empire ; en face (n° 5), une maison Art déco : le sage Auteuil réserve bien des surprises ! Peu de centres paroissiaux ont la chance d'occuper des lieux aussi beaux que l'hôtel de Puscher au n° 16. Le portail dissimule sa façade sur rue, dont l'aile gauche est escamotée par des commerces. L'ensemble a été construit au XVIIIe siècle et remanié sous l'Empire.

Molière à Auteuil.
Si le nom de Molière figure sur une enseigne au n° 2 de la rue d'Auteuil, c'est que sa maison se trouvait sans doute ici, au cœur du village où il habita de 1667 à 1672.

147

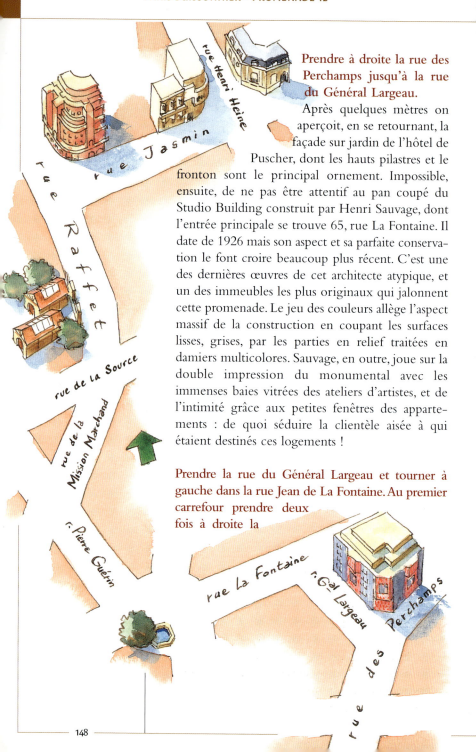

Prendre à droite la rue des Perchamps jusqu'à la rue du Général Largeau.

Après quelques mètres on aperçoit, en se retournant, la façade sur jardin de l'hôtel de Puscher, dont les hauts pilastres et le fronton sont le principal ornement. Impossible, ensuite, de ne pas être attentif au pan coupé du Studio Building construit par Henri Sauvage, dont l'entrée principale se trouve 65, rue La Fontaine. Il date de 1926 mais son aspect et sa parfaite conservation le font croire beaucoup plus récent. C'est une des dernières œuvres de cet architecte atypique, et un des immeubles les plus originaux qui jalonnent cette promenade. Le jeu des couleurs allège l'aspect massif de la construction en coupant les surfaces lisses, grises, par les parties en relief traitées en damiers multicolores. Sauvage, en outre, joue sur la double impression du monumental avec les immenses baies vitrées des ateliers d'artistes, et de l'intimité grâce aux petites fenêtres des appartements : de quoi séduire la clientèle aisée à qui étaient destinés ces logements !

Prendre la rue du Général Largeau et tourner à gauche dans la rue Jean de La Fontaine. Au premier carrefour prendre deux fois à droite la

rue Pierre Guérin et la rue de la Mission Marchand. En face, monter la rue Raffet jusqu'à la rue Jasmin.

Nous ne suivons pas jusqu'au bout l'ancienne sente des Vignes (la rue Pierre Guérin) qui escalade le coteau et se perd en impasse comme un chemin rural. Nous traversons la rue de la Source, dont le seul nom rappelle, comme celui de la rue Jean de la Fontaine (initialement rue de la Fontaine l'abondance des points d'eau dans les formations argileuses de Passy.

L'architecte Charles Plumet montre son talent aux n°s 3 et 5 de la rue Raffet : ce maître de l'Art nouveau a su en 1929 adopter avec élégance, dans son style personnel, la rigueur géométrique alors en vogue.

Rue Jasmin, tourner à droite, puis à gauche dans la rue Henri Heine qu'on suit jusqu'au bout.

Le grand immeuble rose au coin de la rue Jasmin (1929) arrondit ses longs balcons d'angle, creuse le renfoncement de sa porte, alterne les fenêtres cintrées et les baies en largeur : l'architecte Modosoli occupe cet espace avec autorité en faisant jouer volumes et surfaces. À la maison du n° 24 aux reliefs anguleux, construite par Abraham et Sinoir en 1922 selon l'esthétique moderniste, succède un collège privé épousant l'angle de la rue Henri Heine (n° 15 de cette rue). C'est une œuvre plus marquante de Pol Abraham, datant de 1931 : architecture minimaliste au léger crépi blanc, mais fortement dessinée par le relief du balcon courbe qui ceinture le deuxième étage.

Même si on voit persister dans cette rue paisible et aérée le pastiche du classicisme français tel qu'il s'illustre au n° 16, les tenants d'un style nouveau trouvent à s'y exprimer, comme Guimard au n° 18. En 1926, fort de sa notoriété et de ses références à Auteuil, il investit et crée un petit immeuble aux tensions verticales accusées, mais adoucies par le galbe ovale du corps central, l'élégance de la brique rose et la souplesse des consoles de fenêtres. Guimard lui-même y occupe un appartement jusqu'à son départ aux États-Unis en 1938.

De la campagne à la ville.

Cette partie de la promenade est hautement révélatrice de la manière dont la première moitié du XXe siècle a façonné ce quartier ; la rue Henri Heine n'avait qu'une maison en 1910 ! Trois ans plus tard, le central téléphonique clair, fonctionnel, doté d'une belle entrée encadrée de céramique rue Jasmin, était construit.

PARIS BUISSONNIER • PROMENADE 12

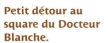

Petit détour au square du Docteur Blanche.
(Voie privée ouverte en semaine)

La Fondation Le Corbusier occupe aux n°s 8 et 10 les deux villas que le maître avait construites en 1924 pour son frère Albert Jeanneret et son ami Raoul La Roche : l'une aux volumes anguleux et l'autre en façade courbe, mais toutes deux sur pilotis porteurs qui libèrent le plancher et les façades de toute autre structure de soutien. Les fenêtres panoramiques en largeur sont une autre de ses exigences.

Tourner à droite rue du Docteur Blanche et la suivre jusqu'à la rue de l'Assomption.

L'impasse entièrement construite par Mallet-Stevens a reçu son nom de son vivant (1927). Il put réaliser ce rêve d'architecte qui fut peut-être son chef-d'œuvre : non un édifice isolé, mais l'ensemble d'une rue. Malgré quelques altérations et le développement de la végétation, on peut saisir ici comment la rue devient "l'espace en creux" sculpté par les volumes cubiques de béton blanc, leurs décrochements et quelques tours arrondies.

Tourner à droite dans la rue de l'Assomption, et la suivre jusqu'à l'avenue Mozart.

Ce que, de la rue du Docteur Blanche, on peut apercevoir de l'église Notre-Dame de l'Assomption se réduit à un dôme et laisse cachée l'harmonie néoclassique de cette ancienne chapelle de couvent (1914). Sur le même trottoir s'ouvre un peu plus loin l'avenue des Chalets, jolie voie privée où l'on peut hasarder quelques pas discrets.

Tourner à droite dans l'avenue Mozart, puis à gauche dans l'avenue Adrien Hébrard, jusqu'à la place Rodin.

Sur la droite, au-delà du jardin public, les longs bâtiments fonctionnels de l'Œuvre des Orphelins Apprentis d'Auteuil donnent une idée de l'importance prise par cette institution d'insertion vieille de plus de cent ans. Au milieu de la place, la célèbre statue de Rodin, *L'Age d'airain* (1876), apparaît trop frêle – et d'autant plus émouvante.

Prendre l'avenue du Recteur Poincaré jusqu'à la rue Jean de La Fontaine.

Cette avenue charmante longe à gauche un petit reste du parc du couvent de l'Assomption et en face, dans un jardin bien amputé par un ensemble immobilier récent, un joli château de style XVIIIe siècle, mais datant des années 1930.

Tourner à gauche dans la rue Jean de La Fontaine, suivie de la rue Raynouard.

Le complexe immobilier du hameau Béranger et du n° 14 (1894-1898) constitue le manifeste artistique de Guimard. Il était difficile de construire en face quelque chose d'intéressant ! Roger Taillibert (l'architecte du Parc des Princes) y est parvenu en imaginant (n° 13) un bâtiment simple, clair et bien rythmé pour le conservatoire Francis Poulenc.

En franchissant le carrefour pour prendre la rue Raynouard, nous passons d'Auteuil à Passy.

Guimard et le Castel Béranger.

L'architecte laisse les fonctions de l'édifice se traduire par des volumes extérieurs et il puise dans le répertoire ornemental du Moyen Âge le décor foisonnant des façades. Mais en même temps, très séduit par les réalisations de Victor Horta à Bruxelles, Guimard explore les thèmes décoratifs de l'Art nouveau : lianes et volutes dissymétriques, stylisées jusqu'à l'abstraction. Il dessine lui-même toute la décoration intérieure jusqu'aux boutons de porte. Son éclectisme et sa nouveauté lui attirèrent d'emblée une notoriété ambiguë puisque le castel est dans le même temps surnommé par certains "castel dérangé" ou "maison des diables" et primé au concours de façades de la Ville de Paris en 1898.

La Maison de la Radio.

Achevée en 1963, la Maison de la Radio a su conserver leur brillance à ses panneaux d'aluminum. La partie vitrée de sa façade est toujours aussi remarquable puisqu'elle comporte des glaces de 11 mètres qui sont les plus hautes de France. C'est aussi un modèle écologique : la climatisation est assurée de manière non polluante par le pompage à 550 mètres de profondeur d'une eau à 27 °C.

Monter la rue Raynouard jusqu'à la rue des Marronniers.

Moins vite urbanisée que sa voisine d'Auteuil, la colline de Passy a néanmoins fini par perdre toutes ses anciennes belles demeures – sauf une. Cela se fit en plusieurs vagues de promotion immobilière : à la fin du XIXᵉ siècle, dans les années 1930 et depuis la dernière guerre. On longe l'arrière de la Maison de la Radio, grande couronne lisse et fonctionnelle d'Henry Bernard. La villa Raynouard, au nᵒ 92, est un des derniers témoins du temps où vivait une population ouvrière près des entrepôts et des activités portuaires des bords de Seine. La rue des Marronniers qu'on traverse est une ancienne allée du château de Passy ou de Boulainvilliers, magnifique demeure sur une terrasse dominant la Seine, fréquentée sous Louis XV par l'élite des lettres et des arts ainsi que par de fort aimables comédiennes. Les constructions des années 1930 ont anéanti les derniers restes du domaine dépecé sous la Restauration.

Après la rue des Marronniers, prendre à droite la rue Berton, suivie par l'avenue Marcel Proust.

En face de nous se dresse le pan coupé élégant, sobre et classique de l'immeuble en béton créé par Auguste Perret en 1932.

De la porte de Saint-Cloud à la station Passy

On s'enfonce dans une venelle mal pavée entre deux vieux murs rustiques surmontés de verdure. On est loin dans le temps quand on voit au n° 24 le simple portail qui assurait à Balzac une "sortie de secours" pour fuir ses créanciers quand ceux-ci sonnaient au 47 de la rue Raynouard. À côté du portail subsiste toujours la vieille borne placée en 1731 comme limite aux seigneuries d'Auteuil et de Passy. Hélas, le charme fragile n'opère pas longtemps ! La rue d'Ankara, à droite, est toujours soigneusement surveillée par la police qui protège la résidence de l'ambassadeur de Turquie. On en voit donc très peu de chose, mais cet ancien hôtel de Lamballe est la seule propriété noble de Passy qui existe encore, après une histoire mouvementée. D'un luxe exquis, il avait appartenu à plusieurs grands noms : Lauzun, Luynes et la malheureuse princesse amie de Marie-Antoinette, avant de devenir en 1845 la clinique où le docteur Blanche soigna, entre autres, Nerval, Gounod et Maupassant.

Ouverte en 1930 et formant corniche le long du dénivelé abrupt de Passy, l'avenue Marcel Proust est une des plus consternantes qui soient. D'un côté, les "immeubles babyloniens" (dixit Julien Green) de la rue Raynouard laissent apparaître la falaise de béton cyclopéen indispensable à leur soutènement. En face, des constructions récentes, et serrées en termitières cossues autour d'un jardin intérieur, stabilisent le terrain de l'ancien parc des eaux minérales de Passy. Qu'en penserait Proust, qui déplorait le manque de poésie de "certaines maisons nouvellement bâties pour de petits bourgeois cossus, dans des quartiers neufs, où la pierre trop blanche est fraîchement sciée" ?

Une série de chicanes conduit au métro Passy : avenue René Boylesve, rue Charles Dickens, rue des Eaux et square de l'Alboni.

Souvenir d'Auteuil.
"Ceux qui passent rue Berton au moment où elle est la plus belle, un peu avant l'aube, entendent un merle harmonieux donner un merveilleux concert qu'accompagnent de leur musique des milliers d'oiseaux et, avant la guerre, palpitaient encore à cette heure les pâles flammes de quelques lampes à pétrole qui éclairaient ici les réverbères et qu'on n'a pas remplacées."
Guillaume Apollinaire, *Le Flâneur des deux rives*, 1918

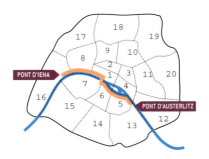

PROMENADE 13

DU PONT D'IÉNA AU PONT D'AUSTERLITZ

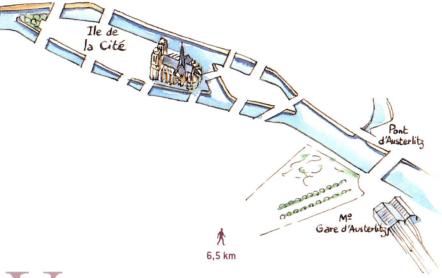

Voici une promenade qui nous fera cheminer quasiment sans interruption au bord de l'eau. Toute l'histoire de Paris s'inscrit ici, le long des berges de la Seine, et l'Unesco ne s'y est pas trompé, qui les a classées "trésor du patrimoine mondial". Paris et la Seine forment un très vieux couple. La Seine a d'abord fait Paris en lui créant un site après des milliers d'années de divagations et en lui offrant une voie navigable, condition de sa vie et de son essor. Mais Paris a dompté les caprices du fleuve, l'a canalisé entre des quais de pierre et transformé en avenue liquide, traversée par trente-quatre ponts au total.

Cette promenade est merveilleuse en toute saison, et même à toute heure. Délicieuse, mais très fréquentée par une douce soirée de printemps ou d'été, elle peut, par une froide et belle journée d'hiver, vous offrir la Seine pour vous tout seul, ou presque. Détail pratique, nous marcherons d'ouest en est, c'est-à-dire que nous ne suivrons pas le cours du fleuve vers la mer, ceci tout simplement pour achever notre promenade par le plus spectaculaire : le cœur historique de Paris. De plus, détail non négligeable, les vents dominants soufflant le plus souvent de l'ouest, nous les aurons ainsi dans le dos plutôt qu'en plein visage.

PARIS BUISSONNIER • PROMENADE 13

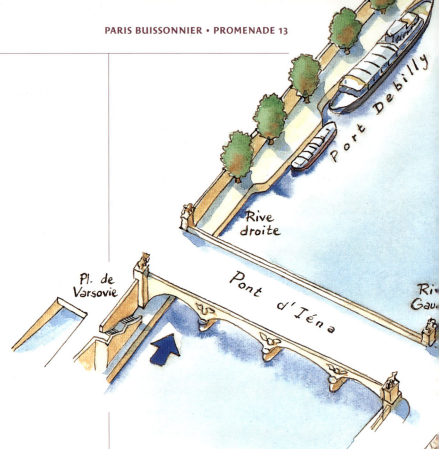

Pont d'Iéna.

Il était prévu que ce pont s'appelle "pont du Champ de Mars" mais la victoire napoléonienne sur les Prussiens en octobre 1806 en décida autrement. Large de 14 mètres lors de son inauguration, le pont se fit plus important à l'occasion des grandes expositions de 1900 et 1937 pour atteindre 35 mètres de largeur.

DÉPART au pont d'Iéna, sur la rive droite.

Avant de descendre près de l'eau, on contemple une des plus belles perspectives de Paris, du palais de Chaillot à l'École Militaire en passant par les jardins du Trocadéro et la longue enfilade du Champ-de-Mars encadrée par les piliers de la tour Eiffel. À ce Paris de carte postale et de prestige se confrontent, vers l'aval, les immeubles du Front de Seine qui correspondent à une autre fonction de la ville.

La colline de Chaillot, située juste en face du Champ de Mars, avait été choisie par Napoléon Ier pour édifier une sorte de "cité impériale" inspirée du Kremlin. Mais la chute de l'Empire stoppa net le projet. Pourtant, après l'inauguration du pont d'Iéna en 1813, il était logique d'édifier sur la rive droite un monument répondant à l'École Militaire. C'est pour l'Exposition universelle de 1878 que fut construit le Palais du Trocadéro, vaste rotonde centrale surmontée de deux tours-minarets et encadrée de deux maigres ailes arrondies. Il était si lourd et si laid qu'on décida en 1933, pour préparer l'Exposition universelle de 1937 prévue sur l'axe Trocadéro-Champ-de-Mars, de modifier profondément sa structure ; le temps et l'argent manquaient pour un projet plus radical. Les ailes furent doublées en épaisseur, rythmées de pilastres et arrêtées par des pavillons plus élevés, et la grande salle des fêtes de l'ancien palais fut supprimée. L'idée géniale de Carlu, l'un des architectes, fut de la remplacer par le vaste parvis central, seul le vide de l'espace pouvant être confronté, désormais, à la tour Eiffel. Si la terrasse connaît l'affluence perpétuelle des promeneurs et des touristes, la Cité de l'architecture, les musées de l'Homme et de la Marine et le théâtre national de Chaillot drainent des flux de public plus irréguliers.

Descendre sur le quai rive droite, au niveau de la place de Varsovie, et passer sous le pont d'Iéna, en direction de la passerelle Debilly.
Construit de 1808 à 1813, le pont d'Iéna fut élargi à plusieurs reprises. Remarquer les aigles impériales, sculptées par Barye. Si l'on regarde vers l'est de Paris, dans la direction qui va être suivie tout au long de cette promenade, on aperçoit déjà, à l'arrière-plan, le Grand Palais.

Vue sur la tour.

"Si j'en juge par l'intérêt qu'elle inspire, tant en France qu'à l'étranger, j'ai lieu de penser que mes efforts n'auront pas été stériles et que nous pourrons faire connaître au monde que la France continue à rester en tête du progrès et qu'elle a su, la première, réaliser une entreprise souvent tentée ou rêvée : car l'homme a toujours cherché à construire des édifices de grande hauteur pour manifester sa puissance mais il a reconnu bien vite que de ce côté ses moyens étaient fort limités."

Gustave Eiffel

Ports de Seine.
La Seine, jusqu'au début du XXe siècle, a été la principale voie utilisée pour approvisionner Paris, aussi bien en bois et charbon qu'en blé ou en vin. Les bords de l'eau portent presque tous le nom des anciens ports, en souvenir de cette activité. Si, aujourd'hui, le transport de marchandises par voie d'eau a considérablement diminué avec le développement des autres systèmes de transport (voies routières et ferroviaires), la Seine est néanmoins encore utilisée, notamment pour le transport de matériaux lourds.

Longer le port Debilly. En face se trouve le port de la Bourdonnais. Parvenu à la passerelle Debilly, il faut remonter sur l'avenue de New York que l'on suivra sur une courte distance, jusqu'au pont de l'Alma.

La passerelle Debilly est un vestige de l'Exposition universelle de 1900. Elle fut construite pour permettre aux visiteurs de passer facilement d'une rive à l'autre, sans avoir à quitter l'exposition. Elle devait être démolie mais à la demande de la Ville de Paris, la décision fut prise de conserver cette arche légère, aussi élégante qu'utile.

En cheminant sur l'avenue de New York, on aperçoit l'arrière du musée d'Art moderne. Il est installé dans le Palais de Tokyo, construit pour l'exposition de 1937 dans un esprit classique et dépouillé qui rappelle le Palais de Chaillot. Mais plusieurs sculptures décoratives des années 1930 animent les terrasses de son patio.

La rue de la Manutention qui le longe évoque l'ancienne présence de la Manutention militaire, où l'armée stockait au XIXe siècle assez

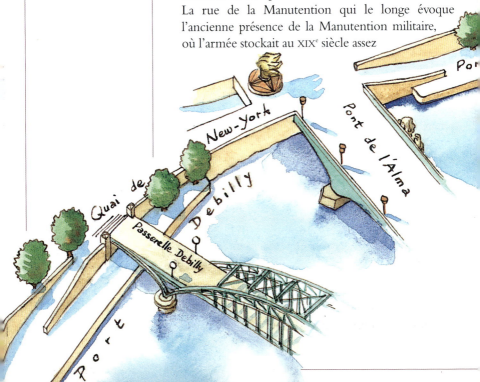

de vivres pour soutenir un siège. Au-dessus de la voie Georges Pompidou, qui s'engouffre sous le pont de l'Alma, se trouve la réplique exacte de la flamme de la Statue de la Liberté, installée ici depuis 1989. Elle a été offerte à Paris par le journal *International Herald Tribune*. Le monument est devenu un lieu de pèlerinage depuis que la princesse Diana, son compagnon et leur chauffeur ont trouvé la mort, sous le tunnel, le 31 août 1997.

Passer le pont de l'Alma, en restant rive droite. Après celui-ci, on peut de nouveau cheminer sur la berge, en contrebas du cours Albert Ier. Nous sommes sur le port de la Conférence.
Ce nom évoque les pourparlers qui se tinrent à Suresnes en

Domestiquer le fleuve.

Au cours de son histoire, la Seine a connu bien des crues spectaculaires. Au XIXe siècle, l'ingénieur Belgrand avait envisagé des travaux de grande ampleur, pour mieux contrôler le niveau de l'eau et éviter si possible une

1593, entre les Ligueurs et les partisans d'Henri IV, qui aboutirent à la paix après que le roi eut abjuré la religion réformée.
Au-delà du pont de l'Alma, sur la rive gauche (quai d'Orsay), la flèche que l'on aperçoit est celle de l'église américaine de Paris, construite entre 1927 et 1931 dans un style néogothique par les architectes Greenough, Cram et Ferguson et destinée à la communauté américaine de Paris.
D'ici, on est bien placé pour voir de près en se retournant le célèbre Zouave du pont de l'Alma, haut de six mètres, qui sert de mesure officieuse des crues de la Seine. En 1910, seule la tête du fier soldat émergeait des eaux en furie ! Le pont de l'Alma actuel date de 1974, et des quatre statues de soldats qui l'ornaient autrefois, seul le Zouave a été réinstallé.

crue majeure. Mais ses recommandations ne furent réellement étudiées de près qu'après la crue historique de 1910. On envisagea alors de surélever les berges, d'édifier des digues de protection, de construire des bassins de retenue... La Première Guerre mondiale retarda l'exécution de ces travaux, et ce n'est qu'en 1955 que furent construits quatre grands barrages-réservoirs sur la Seine, l'Yonne, l'Aube et la Marne.

Pont des victoires.

La pile centrale du pont des Invalides s'agrémente depuis 1854 de deux figures allégoriques, "La Victoire maritime" et "La Victoire terrestre", en relation avec la guerre contre la Russie.
La "Victoire fluviale" aurait difficilement pu y figurer si l'on songe que la débâcle des glaces sur la Seine, en 1878, endommagea le pont à un point tel qu'il fallut le reconstruire entièrement !

Longer le port de la Conférence et poursuivre au-delà du pont des Invalides.

C'est ici que se tient le point de départ de la Compagnie des Bateaux-Mouches, la plus ancienne des sociétés proposant des promenades sur l'eau. Le nom de ces bateaux vient du quartier de la Mouche, à Lyon, où ils étaient construits. Aujourd'hui, plusieurs compagnies se disputent les faveurs des touristes (nous avons vu les Bateaux Parisiens près de la tour Eiffel). Le pont des Invalides, que l'on atteint rapidement, a été élargi en 1956 : la chaussée occupe toute sa largeur et les trottoirs sont reportés en encorbellement au-dessus du fleuve. Conçu pour l'Exposition universelle de 1855, il s'orne sobrement de motifs héroïques : trophées, Victoires de part et d'autre de la pile centrale.

Rien n'empêche le promeneur de faire une halte sur l'un des bancs disposés entre ce pont et le pont Alexandre III, et de contempler le paysage déployé de ciel, de verdure, de pierre et d'eau.

Jusqu'au milieu du XIXᵉ siècle, la Seine a bénéficié d'une eau de grande qualité. À partir de 1850 environ, avec l'industrialisation rapide et le développement des tanneries, des teintureries et autres activités polluantes ancrées sur les berges, la situation se détériora rapidement, jusqu'à devenir très préoccupante. À partir des années 1950, des mesures furent prises pour endiguer cette pollution. Depuis le début des années 1990, un réel progrès se fait sentir, avec la réinstallation spontanée de plusieurs espèces de poissons qui avaient disparu. Maintenant, aux beaux jours, il n'est pas rare de voir un pêcheur taquiner… quoi au juste ? Une vingtaine d'espèces de poissons sont bien représentées, une dizaine d'autres sont repérées de façon plus occasionnelle. La carpe, le goujon, la tanche, le brochet, la silure glane, la truite et beaucoup d'autres sont les hôtes habituels de la Seine, dans Paris même. On a pu observer des brochets pesant dix kilos, des carpes de quinze kilos… il y a même des écrevisses !

Pont de la Concorde

Continuer jusqu'au pont Alexandre III.

Édifié en deux ans seulement, le "plus beau pont de Paris" fut construit pour l'Exposition de 1900, tout comme le Grand et le Petit Palais. Il contribuait à les insérer sur un axe transversal aux Champs-Élysées, dans la prestigieuse perspective des Invalides. À cet effet, son arche métallique d'une seule volée, longue de 109 mètres, fut surbaissée. Sa réalisation à partir d'éléments fondus au Creusot et montés sur place est considérée comme un exploit technique. Mais on n'y pense guère devant son élégance et l'abondance de son décor. Les quatre Renommées dorées du Combat, de la Guerre, des Arts et de l'Agriculture avec leurs chevaux ailés semblaient promettre le XXe siècle à la gloire infaillible, du haut de leurs piliers d'angle. Lions, lustres, guirlandes, nymphes, algues et coquillages : rien n'était de trop pour orner ce pont dédié à l'amitié franco-russe et auquel une restauration récente a rendu son éclat d'origine.

En passant sous le pont, on admire son infrastructure impressionnante. Poursuivre jusqu'au pont de la Concorde.

Quelque chose de l'espace russe.

Pour Jacques Réda, le pont Alexandre III mène à des étendues dignes de l'Europe du Nord : "A trois cents pas du rond-point grouillant, son ampleur communique toujours avec un désert décrété capitale par ukase, du jour au lendemain. Sur le vert bronze canon du fleuve, on ne le sent pas mieux arrimé que les minces nuages horizontaux glissant vers un fond infini de bois de bouleaux et de landes."

La Liberté des rues,
1997

Seul le drapeau tricolore dépassant les arbres du quai d'Orsay permet de situer le palais des Affaires étrangères qui prête ses fastes Napoléon III à notre diplomatie. En revanche, le fronton et les colonnes de l'Assemblée nationale sont assez surélevés par rapport à la chaussée pour se voir aisément. C'est Napoléon Ier qui commanda cette façade de temple antique pour correspondre à celle de l'église de la Madeleine, au bout de la rue Royale : encore une perspective urbaine attachée au fleuve. Le pont lui-même témoigne du goût pour l'Antiquité classique en vogue au XVIIIe siècle, avec les colonnes géantes qui ornent les piles et semblent émerger des profondeurs de la Seine. Une fois passé le pont de la Concorde, le panorama du quai Anatole France se déroule dans une grande diversité, sans le premier plan sur l'eau – du moins pour le moment – des célèbres Bains Deligny qui sombrèrent en juillet 1993. Dans un voisinage éclectique, on repère les grands immeubles Art nouveau où siège le CNRS et les façades sur jardin de nobles hôtels de la rue de Lille. On se trouve, et ce jusqu'au pont Royal, en contrebas de la Terrasse du Bord de l'Eau qui termine au sud le jardin des Tuileries. Jusqu'à la passerelle Léopold Sédar Senghor, et même un peu plus loin, des péniches souvent amarrées côte à côte laissent leurs habitants se bercer au gré des remous du trafic fluvial. En face, on remarque le charmant hôtel de Salm, qui abrite le musée de la Légion d'honneur.

Les bains Deligny.

C'est en 1796 qu'un certain Turquin fonde l'établissement qui deviendra la piscine Deligny. Les bains dans la Seine (pour se laver) sont pratiqués depuis longtemps et ne constituent pas une nouveauté mais il s'agit ici de sport avec la première école de natation. Souvent imités, les bains Deligny offrent dès leur lancement à une clientèle raffinée des "cabinets" de déshabillage et une rotonde pour le repos. Il faudra cependant attendre 1919 pour qu'on se soucie de filtrer l'eau du fleuve.

Du pont d'Iéna au pont d'Austerlitz

Des arbres majestueux, des bancs, un saule pleureur, tout invite au repos et à la rêverie, en face du musée d'Orsay. Consacré aux beaux-arts du XIXe siècle après 1848, il fut inauguré en 1986, après transformation de l'ancienne gare désaffectée des Chemins de Fer d'Orléans. C'est ce qui a sauvé cet édifice datant de 1898, donc contemporain de certaines œuvres qui y sont exposées. Il nous est ainsi resté un

superbe témoignage de l'architecture industrielle d'il y a un siècle : Victor Laloux, qui gagna le concours, associa une charpente métallique fonctionnelle et une façade en pierre de taille chargée d'un décor baroquisant. Encadrée par deux pavillons aux célèbres horloges, elle est flanquée à droite d'un luxueux hôtel de voyageurs dont le musée a gardé les somptueux salons et la salle à manger très décorée d'où l'on a une ample vue sur la rive droite. À l'autre extrémité, elle voisine avec la Caisse des Dépôts et Consignations, construite (et agrandie ensuite) sur le modèle d'un hôtel de 1730 détruit sous la Commune.

Le musée avant le musée.

Avant qu'on y construise la gare, le site fut occupé par le "palais d'Orsay" (1838)... et par ses ruines après l'incendie qui le ravagea durant la Commune. Un moment on pensa installer à sa place un musée des Arts décoratifs et Rodin reçut même la commande d'une porte (aujourd'hui conservée au musée Rodin). Mais la Compagnie d'Orléans acquit le terrain en 1897 et lui trouva un emploi – temporairement – plus ferroviaire.

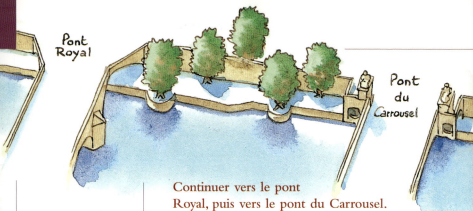

Le pont Royal.

Le pont Royal ne se trouve dans aucun axe stratégique ou prestigieux ; Louis XIV le finança pour assurer une liaison facile entre le Louvre et l'aristocratique faubourg Saint-Germain. Construit en pierre de taille sur les plans de Jules Hardouin-Mansart, il est un des trois plus anciens ponts de Paris (avec le Pont-Neuf et le pont Marie) et résiste vaillamment au temps qui passe.

Continuer vers le pont Royal, puis vers le pont du Carrousel.
Sur l'autre rive, le quai Voltaire offre au regard un ensemble cohérent et bien entretenu de beaux immeubles. La plupart ont été agrandis, rénovés ou reconstruits au cours du XIXe siècle, dans le respect de leur style d'origine. Aujourd'hui, le quai Voltaire constitue l'un des quatre côtés du "carré des antiquaires" de la rive gauche, délimité par le quai et les rues de l'Université, du Bac et des Saints-Pères.

Passer sous le pont du Carrousel, situé dans l'axe des guichets du Louvre (cinq arcades qui mènent à la place du Carrousel), et prendre l'escalier qui donne accès au quai du Louvre ; emprunter la passerelle des Arts.
Le pont des Arts, depuis presque deux siècles, a toujours été piétonnier. Lancé entre la Cour carrée du Louvre et l'Institut de France, il pourrait tracer le chemin solennel de l'État. En fait, il offre aux Parisiens et aux touristes la plus jolie promenade sur l'eau qu'on puisse rêver. La passerelle actuelle date de 1982-1984. Elle comporte six arches d'acier dans le style du design contemporain. L'architecte Louis Arretche l'a voulue aussi légère, mais plus fiable, que sa devancière dont la fonte avait mal vieilli et dont les neuf arches gênaient la navigation. Quant au vent fripon chanté par Brassens, nul doute qu'il souffle toujours !
À l'instar des peintres amateurs, on s'approprie durant quelques instants un des plus beaux paysages parisiens : la longue façade de la Galerie du Bord de l'Eau, voulue par Henri IV pour relier la cour Carrée

Du pont d'Iéna au pont d'Austerlitz

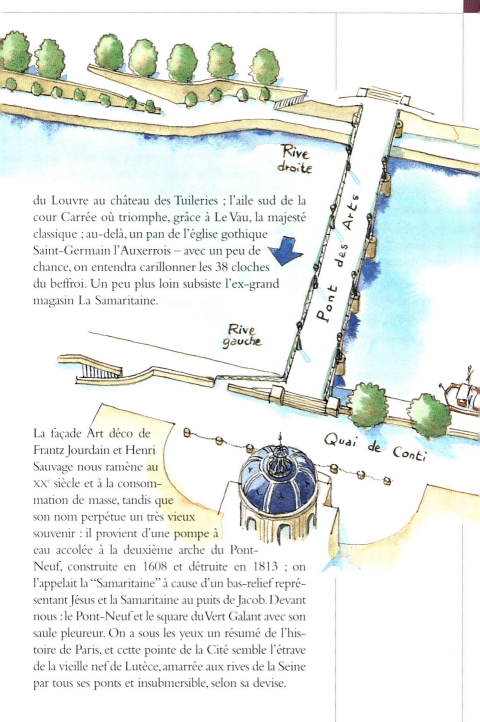

du Louvre au château des Tuileries ; l'aile sud de la cour Carrée où triomphe, grâce à Le Vau, la majesté classique ; au-delà, un pan de l'église gothique Saint-Germain l'Auxerrois – avec un peu de chance, on entendra carillonner les 38 cloches du beffroi. Un peu plus loin subsiste l'ex-grand magasin La Samaritaine.

La façade Art déco de Frantz Jourdain et Henri Sauvage nous ramène au XXe siècle et à la consommation de masse, tandis que son nom perpétue un très vieux souvenir : il provient d'une pompe à eau accolée à la deuxième arche du Pont-Neuf, construite en 1608 et détruite en 1813 ; on l'appelait la "Samaritaine" à cause d'un bas-relief représentant Jésus et la Samaritaine au puits de Jacob. Devant nous : le Pont-Neuf et le square du Vert Galant avec son saule pleureur. On a sous les yeux un résumé de l'histoire de Paris, et cette pointe de la Cité semble l'étrave de la vieille nef de Lutèce, amarrée aux rives de la Seine par tous ses ponts et insubmersible, selon sa devise.

PARIS BUISSONNIER • PROMENADE 13

Quitter le pont des Arts par la rive gauche, tourner à droite sur le quai de Conti, pour trouver l'escalier menant, en contrebas, à la berge qui porte ici le nom de port des Saints-Pères. En chemin, on admire l'élégance de l'Institut.

Sous la Coupole.
Des cinq académies logées à l'Institut, l'Académie française est la plus ancienne et, certainement, la plus célèbre. Créée en 1635, elle a suscité beaucoup d'ambitions... et de déceptions. Faire partie des quarante membres est soumis à la libération d'une place et au vote des académiciens. Les élections unanimes, comme celle de Voltaire en 1746, font figure d'exception. Ne devient pas "immortel" qui veut... mais on se consolera en songeant que les candidatures de Balzac, Dumas, Baudelaire ou Zola n'ont jamais abouti.

L'Institut de France a été construit à partir de 1663 à la place de l'hôtel de Nesles. Celui-ci avait été édifié au XIIIe siècle, en face du donjon du Louvre, pour "verrouiller" la sécurité de Paris en cas d'invasions normandes, toujours à craindre. D'ici, on tendait, la nuit, de grosses chaînes qui barraient la Seine. Avant de mourir, le cardinal Mazarin avait souhaité l'édification d'un collège qui éduquerait une soixantaine de jeunes gentilshommes désargentés, issus de quatre provinces récemment annexées au royaume. L'architecte Le Vau fut chargé de dessiner les plans de ce "Collège des Quatre Nations". Il opta pour une façade semi-circulaire, de part et d'autre d'une chapelle en rotonde surmontée d'une coupole et de son lanternon, et encadrée par deux bâtiments carrés, dont l'un accueille la bibliothèque Mazarine. L'architecture de cet ensemble italianisant ne fut que peu modifiée par Vaudoyer qui, au XIXe siècle, fut chargé de le remettre en état, pour lui permettre d'accueillir les cinq académies – française, des Inscriptions et Belles Lettres, des Sciences, des Beaux-Arts, des Sciences morales et politiques.

Suivre le quai Malaquais vers l'île de la Cité.
Plusieurs péniches sont amarrées ici ; certaines sont privées, mais d'autres, bateaux-restaurants, proposent

Du pont d'Iéna au pont d'Austerlitz

concerts ou expositions. On dépasse un bâtiment en briques, ancienne maison d'éclusier de la Brigade fluviale. À partir de 1938, elle abrita le poste de secours La Monnaie, dépendant des Pompiers de Paris. En 1981, le centre de secours a quitté ce local, régulièrement menacé par la montée des eaux (noter, à un des angles du bâtiment, le niveau des différentes crues) pour une péniche installée juste en face du square du Vert Galant. Entre leurs interventions, les pompiers disposent d'une admirable vue sur la pointe ouest de l'île de la Cité et sur

Toujours neuf.
Souvent peint par des générations d'artistes, le Pont-Neuf n'a pas fini d'inspirer nos contemporains : il fut "emballé" par Christo en 1985, et entièrement décoré de fleurs en 1994 : cadeau du couturier Kenzo aux Parisiens. On se rappelle aussi qu'il est le décor (reconstitué) et le personnage principal du film de Leos Carax, *Les Amants du Pont-Neuf* (1991).

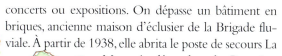

la statue équestre d'Henri IV, qui règne sans partage depuis 1818 sur le Pont-Neuf.

Faut-il rappeler que ce pont est en réalité l'un des plus vieux ponts de Paris, édifié à partir de 1578 mais inauguré seulement en 1607 par Henri IV ? Il offrit aux Parisiens le moyen de passer aisément du faubourg Saint-Germain, quartier intellectuel, à la Cité et au Louvre, quartier du pouvoir. C'était le premier pont à ne pas comporter de maisons, le premier, également, à être pourvu de trottoirs pour les passants. D'une largeur inhabituelle pour l'époque, il fut très rapidement adopté par les Parisiens du XVIIe siècle, qui en firent un lieu à la mode, perpétuellement animé.

Passer sous le Pont-Neuf.

Sur le quai des Orfèvres, qui borde la rive sud de l'île de la Cité, on aperçoit la place Dauphine. C'est la deuxième place royale (après la place des Vosges) créée par Henri IV, au prix de travaux considérables pour réunir à l'île de la Cité les trois îlots sur lesquels elle est bâtie. Elle n'est plus fermée comme jadis du côté du Palais de Justice et a un peu perdu

son unité première, mais reste un des sites les plus agréables de Paris. D'ici, on aperçoit la flèche toute fine de la Sainte-Chapelle.

Se diriger vers le pont Saint-Michel. Notre-Dame apparaît, superbe. La berge devenant fort étroite, remonter provisoirement sur le quai.

En face, quai du Marché-Neuf, s'étend la façade austère de la préfecture de police, installée depuis 1879 dans ces bâtiments d'abord occupés par une caserne de pompiers et les gardes républicains.

Après le Petit-Pont, redescendre sur la rive.

Ce pont, le plus court de Paris (40 mètres), fut reconstruit à maintes reprises, mais le point de passage entre l'île de la Cité et la rue Saint-Jacques existe depuis près de 2000 ans. Les bâtiments que l'on aperçoit derrière le parvis de Notre-Dame sont ceux de l'Hôtel-Dieu. Il exista dès le VIIe siècle un hôpital-hospice, qui fut reconstruit en même temps que

Quai des Orfèvres.

Si de nos jours "quai des Orfèvres" rime avec enquête judiciaire, le pouvoir logé en ces lieux fut jadis plus important. Le palais des gouverneurs romains, bien défendu au cœur de Lutèce, s'agrandit considérablement au fil du temps et devint le siège du pouvoir royal jusqu'au XIVe siècle, quand Charles V aménagea le Louvre pour en faire sa résidence. Après quoi, le Parlement devait y siéger tant que dura la royauté.

Du pont d'Iéna au pont d'Austerlitz

Notre-Dame et remplacé, au début du XVIIIe siècle, par un hospice des Enfants trouvés. Quant à l'ancien Hôtel-Dieu, il s'élevait en bordure de Seine, de l'autre côté du parvis, là où se trouvent la statue de Charlemagne et son square. L'un et l'autre furent rasés quand Haussmann décida de dégager radicalement l'environnement médiéval, et insalubre, de Notre-Dame. Le parvis eut ainsi sa surface quadruplée. La cathédrale qui est devenue la "paroisse de la France" à force d'être liée à toutes les heures de notre histoire, a été construite en près de deux siècles, saccagée sous la Révolution, vigoureusement – et lourdement – restaurée par

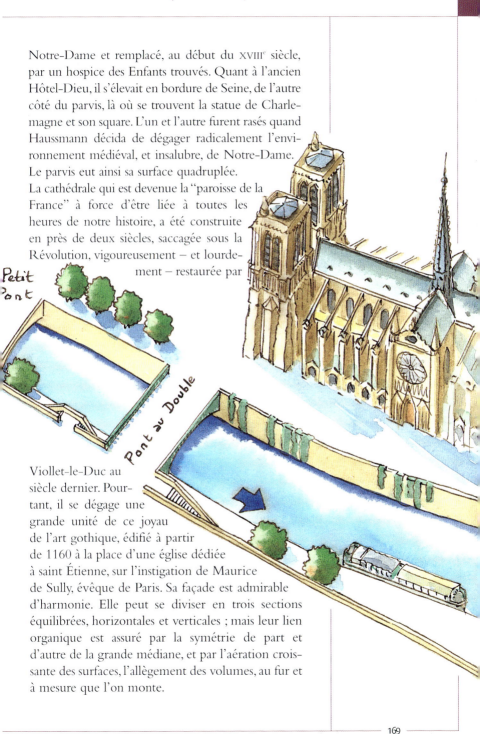

Viollet-le-Duc au siècle dernier. Pourtant, il se dégage une grande unité de ce joyau de l'art gothique, édifié à partir de 1160 à la place d'une église dédiée à saint Étienne, sur l'instigation de Maurice de Sully, évêque de Paris. Sa façade est admirable d'harmonie. Elle peut se diviser en trois sections équilibrées, horizontales et verticales ; mais leur lien organique est assuré par la symétrie de part et d'autre de la grande médiane, et par l'aération croissante des surfaces, l'allègement des volumes, au fur et à mesure que l'on monte.

PARIS BUISSONNIER • PROMENADE 13

Pont de l'Archevêché

Passer sous le pont au Double.
Ce pont fut construit au XVIIe siècle pour relier l'Hôtel-Dieu à ses nouveaux bâtiments édifiés sur la rive gauche. Pour en financer la construction, on avait inventé d'en doubler le péage : le nom est resté, mais non la servitude.

De cette berge, longer le flanc sud de Notre-Dame est un bonheur rare. On est presque seul à détailler les trois étages en retrait l'un sur l'autre, la robustesse des contreforts affinés en arcs-boutants et la virtuosité du portail dit de Saint-Étienne. La pierre s'y ajoure à l'extrême pour enchâsser les vitraux de la grande rosace, l'élan des gâbles et des clochetons nous arrache à la pesanteur terrestre. Par chance, le bâtiment annexe est un pastiche si réussi du style gothique à son apogée qu'il ne choque pas le regard.

Passer sous le pont de l'Archevêché.
Après le pont, on découvre une vue splendide, mille fois peinte et photographiée, sur le chevet de Notre-Dame, enchâssée comme un précieux bijou dans le square Jean XXIII. Avançant de quelques pas encore, on parvient à un bâtiment en briques rouges qui abrite des bureaux du port autonome de Paris. D'ici, le panorama est particulièrement spectaculaire, avec la pointe orientale de l'île de la Cité, le pont Saint-Louis, qui enjambe la Seine vers l'île Saint-Louis, et, en arrière-plan, le clocheton de l'Hôtel de Ville.
L'île Saint-Louis a été créée comme une "ville idéale" à partir de deux îlots réunis par l'entrepreneur Marie au début du XVIIe siècle. Disparus, dès lors, les

Drame de la foi.
Le pont Saint-Louis, trait d'union entre les deux îles, a eu un prédécesseur en bois qui fut le théâtre, en juin 1634, d'un accident meurtrier. Trois paroisses se rendant en procession à Notre-Dame voulurent en effet se porter simultanément en tête du cortège et la bousculade qui s'ensuivit précipita des fidèles dans le fleuve quand d'autres furent étouffés par la foule. Une vingtaine d'entre eux trouvèrent la mort et les processions sur les ponts en bois furent désormais interdites dans le royaume.

170

Du pont d'Iéna au pont d'Austerlitz

lavandières et les pêcheurs ! Son urbanisation rectiligne fut rondement menée au cours du XVIIe siècle par plusieurs entrepreneurs associés, qui couvrirent l'île de splendides hôtels et en firent un lieu à la mode, habité par de riches financiers, des artistes et de hauts dignitaires. Elle vécut ensuite, aux XVIIIe et XIXe siècles, une tranquille vie provinciale avant de devenir un quartier privilégié pour les artistes, hommes politiques et grands bourgeois aisés d'aujourd'hui, qui apprécient son calme, à l'écart de la frénésie urbaine.

Orientés vers le sud et baignés de lumière, les quais d'Orléans et de Béthune sont les plus recherchés. Leurs belles façades font rêver d'élégance retenue et d'harmonie choisie.

Un dernier regard en arrière vers la rive droite permet d'apercevoir, au-delà de l'île Saint-Louis, la tour Saint-Jacques, ancien clocher de l'église Saint-Jacques de la Boucherie, qui fut jusqu'à sa démolition en 1797 un des points d'étape des pèlerins en route vers Saint-Jacques de Compostelle. Continuant vers le pont de la Tournelle, on voit à l'angle du quai, une autre tour à la vocation certes moins spirituelle, puisqu'il s'agit de la Tour d'Argent. Il existait déjà en ce lieu, au XVIIIe siècle, une auberge portant ce nom, mais c'est vers le milieu du XIXe siècle que le restaurant acquit la réputation qui lui reste encore. On peut rêver à la vue incomparable que, depuis les tables dressées près des larges baies, le gourmet chanceux (et fortuné !) peut savourer tout autant que le canard au sang, spécialité de la maison…

Quai de Béthune.

"Quai de Béthune
Connaissez-vous l'île
Au cœur de la ville
Où tout est tranquille
Éternellement…"

Louis Aragon
Les Poètes,
1960

L'Institut du Monde arabe.

Longtemps différée, la construction de l'Institut du Monde arabe était initialement prévue en bordure de Seine... mais dans le 15e arrondissement. Ce fut finalement le 5e arrondissement qui hérita de cette belle réalisation architecturale. Cette fondation est à la fois un musée d'art islamique, un lieu d'exposition et une bibliothèque. Sa terrasse offre une des plus belles vues sur Notre-Dame et l'île de la Cité.

Passer sous le pont de la Tournelle.

Ce pont, qui relie l'île Saint-Louis à la rive gauche, tient son nom d'une tourelle, qui faisait partie de l'enceinte de Philippe Auguste et se trouvait située non loin. Comme bon nombre de ponts parisiens, il fut plusieurs fois démoli et reconstruit. Le pont actuel (1929) se signale de loin avec la statue de sainte Geneviève, sculptée d'un seul bloc par Paul Landowski : en vigie tutélaire, sa haute silhouette s'oppose aux vents d'est, comme la sainte le fit au temps des invasions barbares.

Avant de passer le pont Sully – autre voie d'accès à l'île Saint-Louis –, on est bien placé pour voir de part et d'autre d'une faille étroite le dialogue entre les deux façades de l'Institut du monde arabe dû à l'architecte Jean Nouvel (1985). En particulier, on aperçoit un peu la façade sud, fort originale, qui tamise la lumière grâce à un jeu de diaphragmes photoélectriques, version hautement technologique du moucharabieh.

Passer sous le pont Sullly.

Toute la façade courbe, légèrement ondulée, de l'Institut du monde arabe épouse la ligne du quai, et reflète sur ses parois de verre les vieux immeubles parisiens de l'île Saint-Louis.

Oublions les tristes bâtiments qui suivent, construits pour l'université Paris VI, et profitons du square Tino Rossi, aménagé sur les larges berges du quai Saint-Bernard par Daniel Badani entre 1975 et 1980. Il accueille le musée de la Sculpture en plein air de la Ville de Paris. Ce beau projet, qui consistait à proposer à des artistes contemporains un lieu d'exposition permanente original, n'a jamais vraiment conquis le public. Mais le jardin, tout en longueur, reste un agréable et calme espace vert, probablement éclipsé par le tout proche Jardin des Plantes, qui ouvre juste en face.

Continuer vers le pont d'Austerlitz.

Peu avant d'arriver au pont, remarquer sur l'autre rive, l'endroit où s'ouvre un tunnel aquatique. C'est là que commence le canal Saint-Martin. À cet endroit se situe le port de plaisance de Paris-Arsenal.

Prendre l'escalier en colimaçon qui mène à la place Valhubert pour rejoindre la station de métro Gare d'Austerlitz.

Au pont d'Austerlitz.

"Le pont d'Austerlitz est un beau pont. Il s'élance au milieu d'un grand espace blanc. Dès qu'il y a un peu de clarté sur Paris, c'est pour le pont d'Austerlitz. Là, il y a toujours du vent, des odeurs de voyage, des bateaux laborieux, des marchands de riens, des photographes en plein air qui rechargent leurs appareils sous les cottes de leur femme en guise de chambre noire, enfin toutes sortes de distractions pour les yeux."

Georges Duhamel
Confession de minuit,
1929

Pont d'Austerlitz

BIBLIOGRAPHIE

Du même auteur

365 bonheurs parisiens, avec Jérôme Godeau
Parigramme, 2000.

Tableaux parisiens, avec Jérôme Godeau
Parigramme, 2005.

Collections

Les "Guides du promeneur",
par arrondissement, Parigramme (de 1993 à 1997).

Village,
présentation de Paris par quartiers,
Village communication (de 1993 à 1996).

Autres ouvrages

Barozzi, Jacques,
Guide des 400 jardins publics de Paris, Hervas, 1992.

Dalby, Henri-Louis,
Ponts de Paris à travers les siècles, Éditions des Deux Mondes, 1957.

Gabriel, André,
Guide de l'architecture des monuments de Paris, Syros-Alternatives, 1991.

Gaillard, Marc,
Quais et ponts de Paris, Mutuelle Éditions, 1996.

McLure, Bert et Régnier, Bruno,
Promenades d'architecture à Paris, Éditions La Découverte/Le Monde/SOL.

Martin, Hervé,
Guide de l'architecture moderne à Paris, Syros-Alternatives, 1991.

Pillement, Georges,
Paris inconnu, Albin Michel, 1981.

ÉDITION Laurence Solnais
DIRECTION ARTISTIQUE Isabelle Chemin, assistée de Marylène Lhenri
Avec la collaboration de Lise Herzog

PHOTOGRAVURE Alésia Studio, à Sèvres

Achevé d'imprimer en septembre 2010 sur les presses de l'Imprimerie Moderne de l'Est,
à Baume-les-Dames, imprimeur respectant toutes les normes environnementales

DÉPÔT LÉGAL février 2010

ISBN 978-2-84096-657-9